Rosemary de Ross

Uma mensagem por dia, o ano todo

Paulinas

Dados Internacionais de Catalogação na Publicação (CIP)
(Câmara Brasileira do Livro, SP, Brasil)

Ross, Rosemary de.
Uma mensagem por dia, o ano todo / Rosemary de Ross. –
10. ed. – São Paulo : Paulinas, 2011.

Bibliografia.
ISBN 978-85-356-2921-7

1. Conduta de vida 2. Espiritualidade 3. Meditação 4. Vida cristã
I. Título.

11-10871   CDD-248.4

Índice para catálogo sistemático:

1. Mensagens : Meditação : Vida cristã : Cristianismo   248.4

Citações: Bíblia Sagrada - Tradução da CNBB. 2ª ed., 2002.

10ª edição - 2011
10ª reimpressão - 2024

Direção-geral: *Flávia Reginatto*
Editora responsável: *Celina Helena Weschenfelder*
Auxiliar de edição: *Alessandra Biral*
Coordenação de revisão: *Andréia Schweitzer*
Revisão: *Marina Mendonça*
Direção de arte: *Irma Cipriani*
Gerente de produção: *Felício Calegaro Neto*
Produção de arte: *Andrés Simón*
Capa: *Telma Custódio*

---

*Nenhuma parte desta obra poderá ser reproduzida ou transmitida por qualquer forma e/ou
quaisquer meios (eletrônico ou mecânico, incluindo fotocópia e gravação) ou arquivada em
qualquer sistema ou banco de dados sem permissão escrita da Editora. Direitos reservados.*

Paulinas
Rua Dona Inácia Uchoa, 62
04110-020 – São Paulo – SP (Brasil)
Tel.: (11) 2125-3500
http://www.paulinas.com.br – editora@paulinas.com.br
Telemarketing e SAC: 0800-7010081

© Pia Sociedade Filhas de São Paulo – São Paulo, 2006

Agradeço a Deus pelo dom da vida.
A meu pai, pelo exemplo de honestidade,
e a minha mãe, pelo apoio
espiritual e pelas orações.
Enfim, a todas as pessoas que me
ajudaram na realização deste livro,
meus sinceros agradecimentos!

Nota da autora

Por que escrevi este livro? A resposta a essa questão é que, em um determinado momento da vida, me perguntei: "Para que vim a este mundo? Por quê? Qual é minha missão?".

Então, tive a sensação de ouvir uma linda e suave voz, que atribuo a Nossa Senhora. Ela me disse: "Minha filha, cumpra a vontade do meu Filho. Escreva este livro, sua vida vai mudar". A partir daquele dia, iniciou-se a concepção desta obra.

Afinal, para que estamos neste mundo, senão para glorificar a Deus e cumprir sua vontade para nossa vida? Foi para isso que nascemos! Quando ainda estávamos no ventre de nossa mãe, ele nos chamava pelo nome e tinha um plano para cada um de nós.

Apesar de eu ser uma pessoa com necessidades especiais, Deus me mostra que a vida deve ser desfrutada como um belo espetáculo, o qual só pode ser apreciado por aqueles que sabem olhar para si mesmos e, com isso, tornar-se agentes modificadores da própria história.

Desejo que os leitores se sintam tocados pela presença e pelo amor de Deus, que nos fala em tudo e de todas as maneiras. Todos os dias, ele tem algo para nos dizer, para nos mostrar.

Que o Senhor seja glorificado com esta obra!

Rosemary de Ross

Prefácio

A Palavra de Deus continua sendo escrita a cada dia, nos acontecimentos da vida. Desde os primórdios, o povo de Deus compreendeu que a História é um momento privilegiado da revelação de Deus. Ele não está distante, perdido nas esferas celestes, mas ouve nossos clamores, tem interesse pelos acontecimentos da nossa história pessoal, derrete-se de amor pelas criaturas, fica indignado com o pecado, mas apressa-se em oferecer seu perdão. Olha com especial atenção o pequenino que o invoca; o fraco que não tem quem o defenda bate de frente com o prepotente, espera com paciência os frutos do amor, mesmo quando demoram a chegar.

Mais que acompanhar os fatos da história, Deus vem fazer parte dela: Jesus é Deus na história, no tempo, na terra. Por ele Deus amou com amor humano, ensinou com palavras humanas, correu o risco de sofrer por amar, e assim experimentou a dor e a morte. Ele pode nos ensinar a ler a vida com olhos de Deus.

Ler os fatos da vida com a sabedoria de Deus é o que faz Rosemary de Ross nesta obra. Ao distribuir as mensagens pelos dias do ano, fica claro que a história vivida a cada dia é um relato que Deus escreve em parceria com as pessoas. Não são proclamações solenes, formulações filosóficas, doutrinas complicadas. O próprio Jesus, a voz autorizada de Deus, usou de palavras simples e gestos cotidianos para expor todo o caminho da salvação.

Convido o leitor a percorrer os dias do ano acompanhado pelas meditações de Rosemary, temperadas com a Palavra de Deus. Não é um livro para ser lido depressa: são pequenas pedras preciosas para serem colecionadas.

A amizade, a gratidão, a coragem, a rejeição, os desafios, tudo isso Rosemary retira da própria experiência e sensibilidade e de sua vida de oração, para partilhar com você, com simplicidade e transparência.

Embora nem todas as situações sejam aquelas que você vive diretamente, ainda assim ajudam a compor uma paisagem onde o ser humano vai se expondo aos poucos em um desenho pormenorizado e rico de nuanças.

Você conhece aquele passatempo de ligar os pontos numerados formando um desenho? É assim este livro. Ligue os pontos e terá um surpreendente desenho da alma, a sua, a minha, a da Rose, aquela alma que Deus desde sempre amou e agraciou com os sentimentos, afetos, inquietações, desejos de infinito.

FREI JOÃO BOSCO, OFM
Bispo da Diocese de
União da Vitória – PR

Uma mensagem por dia, o ano todo

Reflexão

Mais um ano tem início...
Conquiste-o a cada dia,
enfrentando o desconhecido
e o que Deus lhe propuser.
Quais serão as necessidades
e dificuldades que vão surgir?
A cada ano, surge uma possibilidade
de aperfeiçoamento e superação de limites.
Lembre-se de que a verdadeira
proteção vem de Deus!
Somente nele é possível encontrar
a verdadeira vida!
Ele o tomará pela mão e guiará
pelos caminhos deste novo ano.

Meditação

Agradeça a Deus de coração
o ano que passou.
Em mais uma nova etapa,
peça que lhe conceda a graça
de permanecer firme na fé.

Confirmação

"Que louvem o Senhor
por sua bondade e por suas maravilhas
em favor dos homens"
(Sl 107[106],15).

1º de Janeiro

2 de Janeiro

Reflexão
Jamais permita
que pensamentos de vingança
se instalem em seu coração.
Embora limitados e frágeis,
os seres humanos também
são fortes e plenos
da graça divina.
Peça que Deus lhe conceda
um coração repleto de misericórdia.
Lembre-se de seu grande amor
por todas as pessoas,
apesar dos pecados cometidos.

Meditação
O Senhor é misericórdia e compaixão.

Confirmação
"A mim pertence
a vingança e a recompensa,
no tempo em que seus pés resvalarem.
Pois o dia da ruína se aproxima,
e já está perto o que os espera"
(Dt 32,35).

Reflexão

De acordo com o livro de Eclesiastes,
para tudo há um tempo
debaixo do céu:
para nascer e morrer; plantar e colher;
demolir e construir; chorar e sorrir;
gemer e dançar; procurar e encontrar;
guardar e jogar fora; calar e falar;
para a guerra e a paz.
Na vida, tudo tem seu tempo.
Nada ocorre nem antes
nem depois da hora certa
(cf. Ecl 3,1ss).

Meditação

Mesmo que, muitas vezes,
as pessoas se esqueçam de Deus,
ele vem ao nosso encontro.

Confirmação

"Tudo tem seu tempo.
Há um momento oportuno
para cada coisa debaixo do céu"
(Ecl 3,1).

4 de Janeiro

Reflexão

Lembre-se de que todos
colhem somente o que plantam.
Por isso, semear amor,
bondade, amizades, otimismo
e pensamentos positivos
é a melhor prática.
Então plante sementes boas,
repletas de amor, para colher
frutos de alegria e felicidade.

Meditação

Senhor, que as pessoas sejam
terra fértil e que tua vontade
se realize na vida de todos.

Confirmação

Saiu o semeador a semear.
Algumas sementes
cairam à beira do caminho;
como não tinham raiz, secaram.
Outras, em terreno pedregoso;
quando o sol saiu, ficaram queimadas;
Outras caíram no meio dos espinhos;
no entanto, nenhuma delas vingou.
Por fim, uma parte caiu em terra boa
e produziu frutos
(cf. Mt 13,3-8).

Reflexão

Quem é equilibrado tem autodomínio,
por isso nunca perde a calma.
Uma pessoa calma e serena
cativa todos a sua volta.
A mansidão e a serenidade
conquistam corações
e trazem a felicidade.
Por isso, seja sempre tranquilo,
sereno e humilde de coração,
como Jesus. Desse modo,
sua vida será bem melhor.

Meditação

Além de realizar mudanças interiores,
o amor proporciona mansidão,
serenidade e bondade.

Confirmação

"Já vos despojastes do homem velho
e da sua maneira de agir
e vos revestistes do homem novo,
o qual vai sendo sempre renovado
à imagem do seu criador,
a fim de alcançar um conhecimento
cada vez mais perfeito"
(Cl 3,9b-10).

6 de Janeiro

Reflexão
Tudo coopera para o bem
daqueles que amam a Deus (cf. Rm 8,28).
O Senhor é nosso Deus,
ele sabe tudo sobre nós.
Nada está oculto a seus olhos.
Mesmo fatores negativos da vida,
como, por exemplo, dificuldades financeiras,
sofrimentos ou falecimento
de um ente querido, concorrem
para o crescimento pessoal e espiritual.
Sobre isso, escreveu São Paulo:
"Se Deus é por nós, quem será contra nós?
Quem nos separará de Deus?"
(cf. Rm 8,31b.35a).

Meditação
Entre diversos caminhos a seguir,
somente a confiança e o amor conduzem ao Pai.

Confirmação
"Sabemos que tudo contribui para o bem
daqueles que amam a Deus,
daqueles que são chamados
segundo o seu desígnio"
(Rm 8,28).

Reflexão

Na atualidade, muitos problemas
(como, por exemplo, a pornografia,
o uso de drogas e a busca por dinheiro
e prazer a qualquer preço)
deixam um grande vazio nas pessoas.
Por isso, a maioria delas
procura preenchê-lo
com divertimentos e passatempos.
Mesmo que, a princípio,
ofereçam alguma satisfação,
esses entretenimentos
nunca vão proporcionar a felicidade completa.
Deus criou a humanidade para ser feliz com ele.
De acordo com Santo Agostinho,
"Fizeste-nos para ti, Senhor,
e inquieto estará o nosso coração
até não repousar em ti".

Meditação

As pessoas somente serão plenas em Deus
se, além de amá-lo, se doarem aos irmãos,
principalmente os mais necessitados.

Confirmação

"Para onde irei, longe do teu espírito?
Para onde fugirei da tua presença?"
(Sl 139[138],7).

8 de Janeiro

Reflexão

Em determinado momento do dia,
reserve alguns minutos de silêncio,
para escutar seu íntimo,
compreender seus sentimentos
e escolher o melhor caminho
a ser trilhado.
Se agir desse modo,
sentirá a grandeza de Deus.

Meditação

Reserve um momento do dia
para falar com Deus
e ouvir o que ele tem a dizer,
pela oração.

Confirmação

"Tu, porém, quando orares,
entra no teu quarto, fecha a porta
e ora ao teu Pai que está no escondido.
E o teu Pai, que vê no escondido,
te dará a recompensa"
(Mt 6,6).

Reflexão

Nunca se esqueça de agradecer.
Pela esperança e pelo amor,
pelas alegrias e tristezas;
pelo descanso e cansaço;
pela oportunidade de aprender;
pela força de vontade e perseverança
em todos os momentos da existência.
Agradeça também aos familiares
e a todos os que o ajudam
e também àqueles que lutam
pela preservação da natureza,
dos valores morais e cristãos
e por um mundo melhor.
Finalmente, lembre-se dos que
perseveram no caminho do bem,
pela coragem de lutar
no lugar dos que não sabem agradecer.

Meditação

Agradeça a Deus
por suas infinitas bênçãos.

Confirmação

"Prostrou-se aos pés de Jesus
e lhe agradeceu.
E este era um samaritano"
(Lc 17,16).

9 de Janeiro

Reflexão

Reze hoje a oração de São Francisco:
"Senhor, fazei de mim
um instrumento de vossa paz!
Onde houver ódio, que eu leve o amor,
Onde houver ofensa, que eu leve o perdão.
Onde houver discórdia, que eu leve a união.
Onde houver dúvida, que eu leve a fé.
Onde houver erro, que eu leve a verdade.
Onde houver desespero, que eu leve a esperança.
Onde houver tristeza, que eu leve a alegria.
Onde houver trevas, que eu leve a luz!
Ó Mestre, fazei que eu procure mais
consolar, que ser consolado.
Compreender, que ser compreendido.
Amar, que ser amado. Pois é dando que se recebe.
É perdoando, que se é perdoado e é morrendo,
que se vive para a vida eterna! Amém".

Meditação

A cada dia, seja instrumento da verdadeira paz.

Confirmação

"Mas o Senhor disse a Ananias:
'Vai, porque este homem é um instrumento
que escolhi para levar o meu nome
às nações pagãs e aos reis,
e também aos israelitas'"
(At 9,15).

Reflexão

Há várias maneiras de realizar
algo em benefício próprio.
Por exemplo, no início de cada manhã,
cada pessoa é convidada a pensar
nas metas a serem realizadas durante o dia.
Pode ser alguma tarefa doméstica,
atividade profissional ou princípio de vida
que deseja pôr em prática
e lhes dê prazer.
À noite, é bom rever os fatos do dia,
bem como as reações diante deles.
Essa revisão da conduta pessoal é salutar
e gera mudanças de vida.

Meditação

É importante ser bom para si mesmo.
Encontre algo que goste de fazer
e dedique-se a isso.

Confirmação

"O temor do Senhor é o conhecimento
iluminado pela piedade.
A piedade guarda e justifica o coração,
e lhe traz alegria e gozo"
(Eclo 1,17-18).

11 de Janeiro

12 de Janeiro

Reflexão

Quando você reza, mas nada acontece,
qual é a melhor atitude a ser tomada?
Desistir ou continuar?
Saiba que, muitas vezes,
essa demora não significa negação;
talvez ainda não seja
o momento certo de ser atendido.
Você pode ainda pensar que seus pedidos
são feitos de modo egoísta ou que não fazem parte
da vontade de Deus para sua vida.
Lembre-se de que ele concede a cada pessoa
o tempo e a oportunidade
para se preparar adequadamente.
Por isso, nunca perca a esperança.

Meditação

Ao orar, seja paciente.
Não espere respostas imediatas.
Acredite que Deus está cuidando de você.

Confirmação

"Oferecei sacrifícios legítimos
e tende confiança no Senhor"
(Sl 4,6).

Reflexão

Quando o temor dominar seus pensamentos,
pouco ou quase nada pode ser feito
para mudar as circunstâncias da vida.
Esse sentimento paralisa e impede a realização
das ações úteis ou construtivas.
Medo da derrota, do perigo, da inadequação,
de tomar iniciativas, da humilhação e dos sofrimentos
podem consumir as forças e a coragem
para enfrentar os desafios da vida.
O inimigo sabe muito bem usar essas armas
para vencer seus medos. Por isso,
procure apoiar-se na força da Palavra.
Jesus disse: "Coragem, eu venci
o mundo" (Jo 16,33).

Meditação

Nos momentos de provações
e dificuldades, Deus sempre envia alguém
para ajudar os que mais precisam.
Por isso, jamais tenha receio de nada.

Confirmação

"De modo que podemos dizer,
com segurança: 'O Senhor é meu auxílio,
jamais temerei; que poderá fazer-me
um ser humano?'" (Hb 13,6).
"Tudo posso naquele que me dá força"
(Fl 4,13).

Reflexão

Hoje, você é convidado
a refletir sobre o poema
"Começar a entender", de Kahlil Gibran:
"Queria de sua alma ser um pacificador
e transformar a discórdia e a rivalidade
de seus princípios em unidade e harmonia.
Mas, como posso fazê-lo,
se não está você mesmo a apaziguar, ou por outra,
a amar todos os seus elementos?
O mundo que se agita dentro de você
é seu coração; é ele o próprio mundo.
Se um ser humano aceita a si mesmo,
deixa de ser seu próprio obstáculo.
Ninguém pode me amar se não sou eu mesmo".

Meditação

Aperfeiçoe sua capacidade
de amar a Deus e aos irmãos.
Assim, vai descobrir que esse sentimento
acaba com o temor e o aproxima mais de Deus.

Confirmação

"No amor não há temor. Ao contrário,
o perfeito amor lança fora o temor,
pois o temor implica castigo,
e aquele que teme não chegou
à perfeição do amor"
(1Jo 4,18).

Reflexão

Assim como as demais pessoas,
você possui dons e talentos.
Nenhum obstáculo físico,
mental ou emocional é capaz de destruir
suas energias criativas inatas.
Para canalizá-las, procure estar disposto
a explorar seus interesses e aptidões.
A persistência vai ajudá-lo a utilizar
seu potencial ao máximo.
As atitudes e reações
em relação a si mesmo e aos outros
criam suas experiências pessoais.

Meditação

Procure sempre pensar de modo positivo.
Lembre-se de que a perseverança
faz a diferença em qualquer situação.

Confirmação

"Pois os pensamentos perversos
afastam de Deus, e seu poder,
posto à prova, confunde os insensatos"
(Sb 1,3).
"A Sabedoria é um tesouro
inesgotável para a humanidade"
(Sb 7,14 a).

Reflexão

A ousadia não é só determinação,
arrogância ou agressão descontrolada.
Esse sentimento é originado
do autocontrole,
da perseverança e da paciência.
É um fator fundamental
para resistir ao desejo de responder
à altura a quem magoa e ofende,
bem como suportar as consequências
de atitudes e os descasos
sem queixas nem rancores.
Apesar dos reveses da existência,
jamais perca o entusiasmo em suas atividades.
Pela força da oração e da vontade,
tudo pode ser mudado.

Meditação

Quando tudo parece dar errado,
peça que Deus lhe conceda coragem
para enfrentar os reveses com calma e confiança
e superar com fé os desafios surgidos.

Confirmação

Jesus disse: "No mundo tereis aflições.
Mas tende coragem! Eu venci o mundo"
(Jo 16,33).

Reflexão

Em alguns momentos,
talvez você perca o otimismo, a alegria
e também a certeza de ser
um filho amado de Deus Pai.
No entanto, saiba que ele sempre
o acompanha com muito carinho
e conhece suas necessidades.
À medida que aumentar sua fé
no Pai amoroso, você vai se tornar
uma pessoa otimista,
entusiasta e alegre.
Mesmo em meio às tribulações,
mantenha a paz e a serenidade
para enfrentar as dificuldades.
De seu coração, brotará
um sentimento de gratidão
e louvor a Deus Pai.

Meditação

Somos filhos amados de Deus,
preciosos a seus olhos!

Confirmação

"Pois és muito precioso para mim,
e, mesmo que seja alto o teu preço,
é a ti que eu quero! Para te comprar,
eu dou, seja quem for;
entrego nações para te conquistar"
(Is 43,4).

18 de Janeiro

Reflexão

Algumas vezes, o planeta
pode ser comparado a uma enfermaria,
tantas são as catástrofes mundiais.
Nesses momentos, as pessoas despertam
para grandes atos e gestos de solidariedade,
e isso nos toca de perto.
Somos uma grande família.
Que o nosso coração se abra
nesses acontecimentos e nas pequenas
oportunidades do dia a dia!

Meditação

Pelo sofrimento, muitas pessoas
encontram Deus. Ele é o único
com quem iremos permanecer
e de quem receberemos a paz,
o amor e a felicidade.

Confirmação

"Filho, se adoeceres, não te descuides,
mas roga ao Senhor, e ele há de curar-te.
Evita as faltas, torna reto o agir de tuas mãos
e purifica teu coração de todo pecado"
(Eclo 38,9-10).

Reflexão

Quem crê...

... tem esperança e sabe que Deus
vem em seu auxílio.
... coloca Deus acima de tudo.
... é agradecido por tudo
o que recebe de Deus.
... demonstra amor ao próximo
com palavras e atitudes.
... consola os tristes e oprimidos.
... ama o silêncio, a brisa suave, o sol,
a chuva, pois ali Deus também está presente.
... visualiza no rosto de cada irmão
um sinal do amor do Pai.

Meditação

Crer é deixar Cristo viver em você;
é ouvir com o coração
o que Deus quer lhe falar.

Confirmação

"Eu vivo, mas não eu:
é Cristo que vive em mim.
Minha vida atual na carne, eu a vivo na fé,
crendo no Filho de Deus,
que me amou e se entregou por mim"
(Gl 2,20).

20 de Janeiro

Reflexão

Não desanime!
Quando se sentir solitário,
e a tristeza tomar conta de seu interior,
não se entregue ao desânimo.
Aproveite esse estado de espírito
para refletir sobre a própria vida.
Com toda a certeza, perto de você
existe alguém doente
física ou espiritualmente
que precisa de uma palavra, de uma visita,
de um sorriso fraterno e amigo.
É a oportunidade que Deus lhe dá
para praticar a caridade.

Meditação

Não se inquiete,
mas espere no Senhor.
Se deseja fazer a vontade de Deus,
ore e espere, que ele virá
ao seu encontro.

Confirmação

"Pensai pois naquele que enfrentou
uma tal oposição por parte dos pecadores,
para que não vos deixeis abater
pelo desânimo"
(Hb 12,3).

Reflexão

Ao levantar-se, faça uma oração a Deus,
agradecendo-lhe pela boa noite de sono,
por mais um dia de vida, pelo trabalho
de onde retira o sustento da família.
Agradeça antecipadamente
pelas pessoas que vai encontrar,
pelos colegas de trabalho
e por todos os que convivem com você.
Não se esqueça também
de agradecer pelos momentos de alegria
e também de dificuldades.
Da janela de seu quarto,
admire o nascer do dia, respire fundo
e louve a Deus por tudo.

Meditação

Louve a Deus em todas as circunstâncias
pelo que ele é e faz para o bem de todos.

Confirmação

"Louvai ao Senhor, pois ele é bom,
pois eterno é seu amor"
(Sl 136[135],1).

21 de Janeiro

22 de Janeiro

Reflexão

O ato de repartir a vida
e os dons recebidos de Deus
são uma grande dádiva.
Compartilhar preocupações, projetos
e dificuldades colabora para o crescimento
individual e coletivo;
além disso, confiar aos demais
o principal motivo de sua existência
significa uma grande abertura de coração.
Por esse motivo, estabeleça para si mesmo
metas claras; avalie constantemente
os objetivos a serem alcançados
e entregue tudo nas mãos do Criador.
Lembre-se de que assumir riscos
significa estar disposto
a enfrentar incertezas e desafios.

Meditação

Entregue seus caminhos ao Senhor!

Confirmação

"Pois Deus não nos deu
um espírito de covardia, mas de força,
de amor e de moderação"
(2Tm 1,7).

Reflexão

Ficar com raiva das pessoas
e circunstâncias da vida
não vai resolver nada;
ao contrário, emoções descontroladas
só pioram as situações, causando dor
em si mesmo e naqueles que o cercam.
Embora todos estejam sujeitos
a reveses diários, não permita que
as adversidades se tornem crises insuperáveis.
Aja com calma. Você tem muitos valores,
que podem ser estimulados nos
momentos difíceis. Se for preciso,
perdoe seus ofensores.

Meditação

Você é humano, por isso sente
necessidade de pedir perdão e perdoar.

Confirmação

"E, quando estiverdes de pé
para a oração, se tendes alguma coisa
contra alguém, perdoai, para que vosso Pai
que está nos céus também perdoe
os vossos pecados"
(Mc 11,25).

23 de Janeiro

Reflexão

A preocupação excessiva
é um hábito
que precisa ser eliminado.
Geralmente as pessoas
se tornam ansiosas com o passado, o futuro
e também com as dificuldades do mundo atual
(problemas familiares, financeiros,
emocionais, entre outros).
Isso acarreta muitas doenças de ordem física,
psicológica e espiritual.
Lembre-se de que é muito importante
viver apenas um dia de cada vez.

Meditação

Quando ressurgirem pensamentos amargos,
entregue-os nas mãos de Deus.
Ele cuidará de tudo.

Confirmação

"Não vos preocupeis com coisa alguma,
mas, em toda ocasião, apresentai a Deus
os vossos pedidos, em orações e súplicas,
acompanhadas de ação de graças.
E a paz de Deus, que supera todo entendimento,
guardará os vossos corações
e os vossos pensamentos no Cristo Jesus"
(Fl 4,6-7).

Reflexão

No interior de cada pessoa,
existe uma energia muito intensa.
Alguém já pensou no grande poder
de realização do pensamento positivo?
Espalhar ao redor sementes de alegria,
otimismo, bondade e amizade;
oferecer a mão ao próximo para ajudá-lo
na trajetória da vida; ser luz no caminho
dos irmãos; proferir palavras encorajadoras
a uma pessoa desanimada;
realizar muitas atividades
em benefício próprio e dos semelhantes.
Se você quiser, tudo é possível,
mas sempre com a graça de Deus.

Meditação

Siga em frente, ouvindo o que lhe sugere
a bondade de seu coração.

Confirmação

"Ensina-me a cumprir tua vontade,
porque és meu Deus. Teu espírito bom
me guie por uma estrada plana"
(Sl 143[142],10).

26 de Janeiro

Reflexão

O ser humano foi criado para ser livre.
Por esse motivo, ele pode escolher
entre dois caminhos: ajudar o próximo
ou ser egoísta; trabalhar pelo Reino de Deus
ou acomodar-se em si mesmo.
Para ressaltar esse fato, estão relacionadas
as seguintes respostas de Jesus:
"Eu nasci e vim ao mundo
para isto: para dar testemunho
da verdade. Todo aquele que é da verdade
escuta a minha voz" (Jo 18,37).
"Eu sou o caminho, a verdade
e a vida. Ninguém vai ao Pai senão
por mim" (Jo 14,6).

Meditação

Viva na verdade e seja filho da luz.

Confirmação

"Faze o que é reto e bom aos olhos
do Senhor para que sejas feliz
e entres na posse da boa terra,
da qual o Senhor jurou a teus pais
que haveria de expulsar todos os teus inimigos,
como ele mesmo disse"
(Dt 6,18-19).

Reflexão

Seja firme nas atitudes
e persistente em seus ideais.
Tudo ocorre em seu devido tempo.
Deus ama a todos, por isso enviará
o que for melhor para cada um.
Saiba esperar o momento exato
para receber benefícios e respostas
às orações. Aguarde com calma
que os frutos amadureçam,
para que possa apreciar sua doçura,
no tempo adequado e da maneira certa.

Meditação

Aguarde com paciência a vontade
do Senhor. Confie nele,
e ele lhe concederá o que necessita.

Confirmação

"Tudo tem seu tempo.
Há um momento oportuno
para cada coisa debaixo do céu"
(Ecl 3,1).

28 de Janeiro

Reflexão

Deus nunca abandona seus filhos.
Muitas vezes, são os seres humanos
que se afastam dele.
Portanto, imite o exemplo de Jesus:
se estiver só, vá em busca de alguém
que precisa de uma palavra amiga
ou de um abraço fraterno.
Visite os doentes, ajude os pobres,
as crianças carentes;
dê alento aos corações sedentos de carinho
e atenção. Leve a paz de Cristo
ao próximo e transmita-lhe seu amor.

Meditação

Aproxime-se de Deus com simplicidade.
A exemplo de Jesus, seja a luz
que ilumina o caminho de todos
com os quais convive.

Confirmação

"Sede fortes e corajosos! Não vos
intimideis nem tenhais medo deles!
Pois o Senhor teu Deus é ele mesmo
o teu guia, e não te deixará
nem te abandonará"
(Dt 31,6).

Reflexão

Jamais se deixe abater
pela tristeza, desânimo ou pessimismo.
Tudo passa, tudo muda.
O tempo é como um farol,
que guia as pessoas na direção certa.
Além disso, é um bálsamo que cura dores,
mágoas e feridas. Por isso,
entregue tudo nas mãos divinas.
No momento certo, Deus agirá.
Mesmo que experimente dias
de pouca luz e esperança,
com a sua graça, tudo será diferente!

Meditação

Nada tema, se você caminhar
na verdade e na justiça.

Confirmação

"Quem é paciente resistirá
até o momento oportuno;
depois, a alegria lhe será restituída"
(Eclo 1,29).

30 de Janeiro

Reflexão

Está doente? Então não se assuste,
pois toda enfermidade é passageira.
Muitas vezes, é pela dor e pelo sofrimento
que as pessoas encontram Deus.
Às vezes, ele usa algumas circunstâncias
para nos fazer parar e encontrá-lo.
Deus é a fonte de todo bem, da saúde,
da felicidade e da alegria.
Se estiver passando pela experiência
de uma enfermidade,
saiba que o Senhor está perto de você;
ofereça-lhe seus dias
ou horas de sofrimento.
Ele é a vida plena de Pai.

Meditação

Deus é o Deus que cura, liberta
e salva. Na hora da tribulação,
diga: "Louvado seja Deus!".

Confirmação

"Cura-me, Senhor, e ficarei curado,
salva-me e serei salvo,
porque és tu a minha glória"
(Jr 17,14).

Reflexão

Por que odiar,
se só o amor
preenche os corações?
Por que não dobrar os joelhos,
se rezar é tão importante?
Por que fechar o semblante,
quando você pode sorrir?
Por que criticar,
se pode oferecer ternura?
Por que caminhar sozinho,
se pode contar com Deus?
Por que temer, se pode ter coragem?
Por que a tristeza e as lágrimas,
se pode ser alegre?
Por que a pressa, se pode ser mais calmo?
Por que a guerra, se pode haver a paz?

Meditação

Um bom exemplo de vida
vale mais que simples palavras.

Confirmação

"O fruto do Espírito, porém, é:
amor, alegria, paz, paciência, amabilidade,
bondade, lealdade, mansidão, domínio próprio.
Contra essas coisas não existe lei"
(Gl 5,22-23).

1º de Fevereiro

Reflexão
É sempre difícil aceitar
os outros como realmente são.
Ninguém tem o direito
de anular a personalidade alheia.
Por que o modo de ser dos demais
causa preocupação e incômodo?
Cada ser humano tem
uma personalidade peculiar e
gosta de ser respeitado
em sua originalidade.

Meditação
Quando ama e respeita alguém,
você acolhe o jeito diferente do outro.

Confirmação
"Minhas testemunhas sois vós
– oráculo do Senhor – sois vós o meu servo,
o meu escolhido, para entenderdes
e acreditardes em mim,
para compreenderdes que *eu sou*"
(Is 43,10).

Reflexão

Cada pessoa recebe
de acordo com o que oferece.
Se der atenção e carinho,
receberá o mesmo.
Se for atencioso,
colherá bondade e amor.
Quando espalhar amor,
alegria e bondade,
todos se sentirão bem perto de você.
Lembre-se de que ninguém se aproxima
do espinheiro por causa dos espinhos,
mas todos apreciam e gostam de ficar
perto das flores, porque exalam
beleza e perfume.

Meditação

Cada pessoa recebe de acordo
com o que oferece.

Confirmação

"O Senhor mantém-se longe
dos ímpios, mas ouve
as orações dos justos"
(Pr 15,29).

3 de Fevereiro

Reflexão
Cada instante vivido
no calendário da vida são fragmentos
da eternidade, nos quais o Senhor
completa, observa e se inclina
para os seres humanos com infinito amor...
Enquanto você estiver neste mundo,
ele vai acompanhá-lo com infinita paciência,
porque o ama de modo eterno e gratuito.
Amando, mas nem sempre sendo amado;
vendo-o cair e levantando-o.
Ele está sempre presente nas horas difíceis.
Deus espera por você com paciência infinita.
Essa é a espera do amor!

Meditação
Se caminhar na presença de Deus,
você nada tem a temer.

Confirmação
"Disse, pois, no meu coração:
'Tanto ao justo como ao ímpio
Deus julgará, porque há um tempo
para cada coisa, e uma
oportunidade para todos'"
(Ecl 3,17).

Reflexão

Certos dias, talvez você sinta
uma angústia profunda no coração.
Nesses momentos,
tem a impressão de que tudo
fica mais difícil e as adversidades
parecem não ter fim.
Até que um dia tudo melhora.
Por isso, nos momentos difíceis,
é fundamental manter a calma.
De nada adianta perder a paciência.

Meditação

Enfrente as adversidades
com paciência e amor.

Confirmação

"Com efeito, a insignificância
de uma tribulação momentânea acarreta
para nós um volume incomensurável
e eterno de glória. Isto acontece
porque miramos as coisas invisíveis
e não as visíveis. Pois o que é
visível é passageiro, mas o que é
invisível é eterno"
(2Cor 4,17-18).

Reflexão

Quantas vezes as pessoas se preocupam
demasiadamente com o excesso de atividades.
É melhor viver intensamente
o momento presente e não se angustiar
com o futuro, pois ninguém sabe
nem como, nem quando, nem se virá.
Viva o presente
em todos os pormenores,
com toda retidão e justiça.
Na hora da morte,
é somente isso que vai pesar.
Que tal pensar nisso hoje?

Meditação

Quando morrem, as pessoas deixam
o que possuem e levam somente o que são.

Confirmação

"Quem de vós pode, com sua preocupação,
acrescentar um só dia à duração
de sua vida? E por que ficar tão preocupados
com a roupa? Olhai como crescem
os lírios do campo. Não trabalham,
nem fiam. No entanto, eu vos digo,
nem Salomão, em toda a sua glória,
jamais se vestiu como um só dentre eles"
(Mt 6,27-29).

Reflexão

Ao dar-nos a vida,
Deus concedeu aos seres humanos
a própria vida.
No batismo, foi feita nossa
consagração; com isso, todos se tornaram
templos vivos da Santíssima Trindade,
feitos à imagem e semelhança de Deus.
Quem tem o Filho de Deus
possui a vida.
No entanto, aquele que não tem
o Filho de Deus não possui a vida.
Lembre-se de que, para ter
a verdadeira vida, é preciso crer
no nome de Jesus Cristo, o Filho de Deus.

Meditação

Ter fé significa possuir esperança
na vida eterna.

Confirmação

"Em verdade, em verdade, vos digo:
quem crê, tem a vida eterna"
(Jo 6,47).

6 de Fevereiro

7 de Fevereiro

Reflexão

Saber calar e falar quando é preciso
é um princípio de sabedoria.
Falar quando se deve calar pode piorar
a situação. De acordo com o ditado:
"Falar é prata, calar é ouro".
Quando proferidas para ajudar os irmãos,
as palavras são úteis e dão frutos;
no entanto, quando prejudicam
os semelhantes, são impróprias.
Falar e calar... É necessário moderar
e praticar esse princípio.

Meditação

Os verdadeiros sentimentos se manifestam
mais por atos que por palavras.

Confirmação

"Quem é sábio mantém-se calado
até certo tempo, mas o leviano
e o imprudente não esperam a ocasião.
Quem usa de muitas palavras
será detestado; da mesma forma,
quem arroga o poder
para si injustamente"
(Eclo 20,7-8).

Reflexão

Às vezes, os seres humanos correm tanto
e ficam tão absortos em seus problemas
que não enxergam o próximo.
Não é preciso muito esforço
para oferecer um sorriso
ou uma palavra amiga aos demais.
É impossível calcular quanta
alegria essa atitude pode trazer
ao dia de uma pessoa.
Esforce-se para que seu sorriso
envolva os que o rodeiam.

Meditação

Um sorriso franco e sincero
tem o poder de animar os semelhantes.

Confirmação

"O insensato, quando ri, levanta a voz;
o sábio apenas sorri calmamente"
(Eclo 21,23).

9 de Fevereiro

Reflexão

Cada pessoa é única
e recebe de Deus dons inigualáveis.
Trabalhe com aquilo que você possui,
com suas habilidades,
capacidades e talentos naturais.
Utilize tudo isso plenamente
e seja determinado
a alcançar as metas.
Procure sempre ter objetivos
espirituais e profissionais.
Faça tudo com muito amor
e viva um dia de cada vez,
mudando e acreditando em si mesmo.

Meditação

Procure aprimorar o que existe de bom
em você, caminhando rumo à perfeição.

Confirmação

"Teu coração não inveje os pecadores,
mas persevera no temor do Senhor
o dia inteiro: assim tens a descendência
garantida, e a tua esperança
não se frustrará"
(Pr 23,17-18).

Reflexão

A existência humana é somente uma passagem
para a verdadeira vida com Deus no céu.
Embora sinta saudades
de um ente querido que partiu,
não fomente uma tristeza exagerada.
As pessoas são dignas de esperança,
pois creem naquele que deu a vida
para salvar a humanidade
e ressuscitou para lhes mostrar o caminho.
"Eu sou o caminho, a verdade e a vida.
Ninguém vai ao Pai,
se não for por mim", disse Jesus
(cf. Jo 14,6).
A única certeza da vida é que, um dia,
todos morrerão e viverão em Deus.

Meditação

Deus preparou para todos um lugar no céu.

Confirmação

"Na casa de meu Pai há muitas moradas.
Não fosse assim, eu vos teria dito.
Vou preparar um lugar para vós.
E depois que eu tiver ido
e preparado um lugar para vós,
voltarei e vos levarei comigo,
a fim de que, onde eu estiver,
estejais também vós"
(Jo 14,2-3).

10 de Fevereiro

11 de Fevereiro

Reflexão

Felicidade... fé... confiança...
amor... esperança...
Tenha fé em si mesmo,
porque Deus habita em seu coração.
Confie em sua capacidade
pois, com a graça de Deus,
você vai superar os obstáculos!
Tenha a certeza de que pode
corresponder à confiança
que Deus em você depositou
quando entregou os talentos
para que fossem desenvolvidos
e colocados em prática.
Plante sempre as sementes do amor
por onde passar.

Meditação

Alimente a esperança e
tenha a certeza de que sua vida
vai mudar para a melhor!

Confirmação

"Feliz aquele que encontrou
a Sabedoria, e que alcançou
grande prudência"
(Pr 3,13).

Reflexão

Diariamente, você é convidado
a trabalhar seu interior, vencendo,
aos poucos, as paixões que, algumas vezes,
atrapalham o crescimento pessoal.
Observe um diamante
para constatar o quanto foi burilado
até chegar à forma tão bela.
Do mesmo modo, se dominar
seus impulsos e se orientar para o bem,
você vai se tornar forte.
A pessoa de caráter tem autodomínio
e equilibra as reações.

Meditação

As provações diárias fortalecem
as pessoas no caminho do bem.

Confirmação

"Mas Deus, sem levar em conta
os tempos da ignorância,
agora faz saber à humanidade
que todos, em todo lugar,
devem converter-se"
(At 17,30).

13 de Fevereiro

Reflexão

Inicie as atividades com o pensamento
voltado para Deus, que é bom, que é Pai,
princípio e fim de todas as coisas.
A cada minuto do dia,
confie seus atos a ele.
Não tenha medo da derrota,
das enfermidades, dos inimigos,
de tentar algo novo, de viver novas emoções,
dos obstáculos e do amanhã.
Nada vai atingi-lo, nem fazê-lo desanimar
se a beleza da vida, o amor, a força do bem
e a paz de Deus estiverem com você.

Meditação

Não tenha medo do amanhã!
O ontem não mais existe
e o hoje deve ser vivido
plenamente na presença de Deus.

Confirmação

"Quando te invoco, responde-me,
ó meu Deus...
na angústia, liberta-me;
tem piedade de mim e
ouve minha oração"
(Sl 4,2).

Reflexão

Embora a hora de Deus
não seja a mesma que a nossa,
mais cedo ou mais tarde
a resposta vai surgir.
De sua parte, peça e confie,
pois ninguém sabe quando
ou de que modo será atendido.
Embora você nem sempre receba
exatamente o que gostaria,
com toda a certeza, ele lhe dará
o que é melhor.
Enquanto aguarda a resposta,
ele vai lhe moldando,
aprimorando sua personalidade,
pensamentos, sentimentos.
Aproveite esse tempo de espera
para conhecer a Palavra de Deus,
investir em seu crescimento pessoal
e dedicar-se aos irmãos.

Meditação

Todos os dias, é possível progredir
com a ajuda de Deus.

Confirmação

"Tudo tem seu tempo.
Há um momento oportuno
para cada coisa debaixo do céu"
(Ecl 3,1).

14 de Fevereiro

15 de Fevereiro

Reflexão
O trabalho é o maior remédio,
um excelente meio de crescimento.
Por isso...
se estiver triste, trabalhe;
se os sonhos forem desfeitos, trabalhe;
se as esperanças parecem mortas, trabalhe;
se houver decepções, trabalhe;
se sofrer desilusões amorosas, trabalhe.
Seja qual for o problema,
trabalhe fielmente com fé e amor,
na certeza de que dias melhores virão.
O trabalho ajuda a curar
todo o tipo de enfermidades.

Meditação
O trabalho é um dom de Deus.

Confirmação
"Compreendi, então, que nada de bom
existe senão alegrar-se e fazer o bem
durante a vida. Pois todo aquele
que come e bebe, e vê o fruto
do seu trabalho, isso é dom de Deus"
(Ecl 3,12-13).

Reflexão

Você tem esperança
em um mundo melhor?
De que o amor reinará
no coração das pessoas?
De que a justiça e a bondade
triunfarão sobre injustiças e desigualdades?
De que o amor e a bondade de Deus
podem libertar e curar?
Qual é a qualidade de sua esperança?

Meditação

De acordo com um ditado popular,
"Quando se fecha uma porta,
logo se abre uma janela".

Confirmação

"Estai sempre prontos a dar a razão
da vossa esperança a todo aquele que a pedir.
Fazei-o, porém, com mansidão
e respeito e com boa consciência.
Então, se em alguma coisa fordes
difamados, ficarão com vergonha
aqueles que ultrajam o vosso bom
procedimento em Cristo"
(1Pd 3,15c-16).

17 de Fevereiro

Reflexão

Mesmo se o dia estiver ensolarado,
se não houver paz interior,
de nada adianta.
Quando existe paz,
mesmo que o clima esteja chuvoso,
as gotas que caem se tornam
uma suave melodia para os ouvidos.
Além disso, o sol adquire um novo brilho,
e a natureza se torna
resplandecente.

Meditação

A paz no mundo
e, sobretudo, a de coração,
é mais preciosa que o ouro e a prata.

Confirmação

"Deixo-vos a paz, dou-vos a minha paz.
Não é à maneira do mundo que eu a dou.
Não se perturbe, nem se atemorize
o vosso coração"
(Jo 14,27).

Reflexão

Não se deixe derrotar em nenhuma circunstância.
Tanto a vitória como a derrota
dependem do modo
como as situações são encaradas.
Por isso, caminhe sempre adiante,
com a coragem e a força de Deus.
Somente os que não desistem
na metade do caminho
conseguem alcançar a vitória
Desânimo, jamais. Derrotas, jamais.
Com Deus, tudo é possível!

Meditação

Que as derrotas da vida jamais o entristeçam.
Lute, hoje e sempre,
pois só assim será um vencedor.

Confirmação

"Quem nos separará do amor de Cristo?
Tribulação, angústia, perseguição,
fome, nudez, perigo, espada? Pois está escrito:
'Por tua causa somos entregues à morte,
o dia todo; fomos tidos como ovelhas
destinadas ao matadouro'.
Mas, em tudo isso, somos mais que vencedores,
graças àquele que nos amou"
(Rm 8,35-37).

19 de Fevereiro

Reflexão
Além de suavizar a vida,
a alegria contagia a todos.
Embora o trabalho
e a responsabilidade
sejam muito importantes
à realização pessoal,
nunca se esqueça de viver
de maneira alegre e acolhedora.
Os momentos de lazer
são edificantes
e recarregam as energias.

Meditação
Contagie a todos
com seu otimismo e alegria.

Confirmação
"Possa eu alegrar-me e exultar
por tua bondade, por teres olhado
para minha miséria e acudido
às angústias da minha alma"
(Sl 31[30],8).

Reflexão

Perdoar a si mesmo
é um grande princípio de sabedoria.
Esqueça o que passou e siga em frente.
Não se culpe pelos erros do passado.
O importante é admitir os próprios erros
e, a partir daí, tentar mudar
seu modo de ser.
Aceite as próprias limitações,
para que a vida seja encarada
de maneira mais positiva.
O ato de perdoar a si mesmo
e aos irmãos é importante
para seu crescimento pessoal.

Meditação

Tenha paciência em relação
a si mesmo. Perdoe
e será perdoado.

Confirmação

"Vendo a fé que tinham, disse Jesus:
'Homem, teus pecados são perdoados'"
(Lc 5,20).

21 de Fevereiro

Reflexão

A vida humana é muito preciosa
para ser desperdiçada inutilmente.
Por isso, viva sempre a verdade;
lembre-se de que ninguém
pode enganar a si mesmo,
o tempo todo.
Faça um exame de consciência;
se, em seu interior,
perceber que existe o predomínio
da mentira sobre a verdade, liberte-se!

Meditação

Somente depois de encarar a verdade
é possível encontrar a si mesmo.

Confirmação

"E conhecereis a verdade,
e a verdade vos tornará livres"
(Jo 8,32).

Reflexão
É preciso conquistar
a felicidade dia a dia,
minuto a minuto, mês a mês,
ano a ano; enfim, por toda a vida.
Esse sentimento é encontrado
principalmente na paz de coração.
Mas, para chegar à felicidade,
é preciso lutar muito,
transpor obstáculos,
possuir obstinação, vencer barreiras
e, em especial, ter paciência.
Esperar sempre,
com fé e perseverança,
contando com dias melhores.

Meditação
Cabe a você conquistar
a felicidade passo a passo.

Confirmação
"O instruído na palavra
encontrará a felicidade;
quem espera no Senhor, esse é feliz"
(Pr 16,20).

23 de Fevereiro

Reflexão

Todos os dias, peça que Deus envie
o Espírito Santo sobre você.
Nessas condições,
você se torna verdadeiro discípulo
e evangelizador da Palavra de Deus.
Quando permitir
que o Espírito Santo conduza sua vida,
tudo ao redor vai se transformar.
Nesse momento, vai se tornar mais generoso
e receptivo às necessidades dos semelhantes.
Sua vida terá outro sentido;
com isso, vai se tornar
uma pessoa amorosa, paciente,
amável, repleta de paz e autodomínio.
O Espírito Santo renova tudo,
transmite força e coragem aos seres humanos
e gera transformação de vida.

Meditação

Você é um templo vivo do Espírito Santo.
Deixe Cristo agir em seu coração,
e maravilhas vão ocorrer.

Confirmação

"Se alguém não tem o Espírito de Cristo,
não pertence a Cristo"
(Rm 8,9b).

Reflexão

Em diversas ocasiões da vida,
é sempre possível ajudar alguém.
Um olhar de simpatia,
uma palavra de estímulo e consolo
reerguem alguém triste e desanimado.
Por menor que seja a semente,
ser for boa, no devido tempo
dará bons frutos.
O que é bom nunca se perde!
Por isso, estenda sempre a mão
a quem precisa, erra
ou se percebe enfraquecido.
Faça-lhe o convite para levantar-se
e prosseguir no caminho.
Tenha a certeza de que, embora pequenas,
essas atitudes operam verdadeiros milagres.

Meditação

Em todos as horas do dia,
procure ser testemunho
da presença de Deus.

Confirmação

"A respeito do amor fraterno,
não é preciso que vos escrevamos,
porque vós mesmos aprendestes de Deus
a vos amar uns aos outros"
(1Ts 4,9).

24 de Fevereiro

25 de Fevereiro

Reflexão

Na vida, existem dias
em que a jornada se torna muito pesada.
Então, a tendência natural
do ser humano é enxergar tudo
de modo menos positivo.
Nesses momentos, lembremo-nos de Jesus.
Quando estava na cruz,
havia motivos para amaldiçoar
os que zombavam dele; tinha o poder
para fazer o que quisesse.
No entanto, adotou uma atitude
que provoca uma profunda reflexão:
perdoou a todos os que o fizeram sofrer.
Isso mesmo! Perdoou a todos!

Meditação

Na vida, se algo não estiver bem,
não perca tempo! Pratique
sempre o perdão!

Confirmação

"Jesus dizia: 'Pai, perdoa-lhes!
Eles não sabem o que fazem!'"
(Lc 23,34).

26 de Fevereiro

Reflexão

Quando estiver triste
ou desanimado,
lembre-se de que existe
um só remédio:
confiar em Deus.
Nos momentos difíceis
de angústia, impaciência,
revolta, preocupação, depressão,
abandono e solidão, doença e morte,
é fundamental entregar-se
nas mãos de Deus, para que ele
tome conta da situação.

Meditação

Tudo é possível para aquele
que acredita em Deus.

Confirmação

"O meu Deus proverá magnificamente,
segundo a sua riqueza, no Cristo Jesus,
a todas as vossas necessidades"
(Fl 4,19).

27 de Fevereiro

Reflexão

A vida é um caminho entremeado
de sonhos, esperanças, alegrias,
tristezas, vitórias, fracassos, amor, ilusões.
O encanto da vida, a alegria de viver,
vem da multiplicidade de fatos,
quando se sabe extrair o principal,
que é aprender a ser feliz...
Ser feliz, apesar das dificuldades,
dos problemas, das tristezas...
Sentir Deus em cada segundo,
em cada minuto da vida...
Quando colabora
para a felicidade do próximo,
você também se torna feliz.

Meditação

A verdadeira fonte de felicidade
está em Deus e nos pequenos gestos
do dia a dia.

Confirmação

"Felizes os que procedem com retidão,
os que caminham na lei do Senhor"
(Sl 119[118]).

Reflexão

Que seus dias tenham espaço
para novos interesses e experiências,
expectativas e oportunidades,
sonhos e ideias.
Que estejam suficientemente
preenchidos de alegria, paz e amor.
Saiba que o tempo é um mistério;
nele são realizados
todos os projetos pessoais.

Meditação

Preste atenção a seus atos.
O ontem já lhe fugiu das mãos,
o amanhã ainda não chegou.
Portanto, viva o presente!

Confirmação

"As coisas que ele fez são todas boas
a seu tempo. Além disso,
entregou o mundo ao coração deles.
No entanto, o ser humano jamais chega
a conhecer o princípio e o fim
da ação que Deus realiza"
(Ecl 3,11).

1º de Março

Reflexão

Com gestos concretos e palavras,
podemos ajudar os irmãos
a valorizar a vida.
Existem diversas pessoas desanimadas,
tristes, sem fé nem esperança,
que não conseguem encontrar
um verdadeiro sentido para a existência.
O bálsamo para aliviar seu sofrimento
pode estar em uma palavra amiga,
um pouco de amor e carinho,
um sorriso ou um abraço fraterno.
Leve Jesus às pessoas!
Mostre-lhes o verdadeiro caminho,
a verdadeira luz e a verdadeira vida.

Meditação

Ilumine a vida dos irmãos
com palavras e sobretudo
com seu testemunho.

Confirmação

"Assim também brilhe a vossa luz
diante das pessoas, para que vejam
as vossas boas obras e louvem
o vosso Pai que está nos céus"
(Mt 5,16).

2 de Março

Reflexão

Quando for preciso corrigir alguém,
seja paciente, principalmente
com os mais simples e humildes.
Aja com muita caridade,
tendo em vista a correção fraterna
proposta por Jesus.
Lembre-se de que todas as pessoas
são passíveis de erros,
pois são criaturas limitadas.
Jamais faça aos outros
o que não quer que lhe façam.

Meditação

Toda e qualquer advertência
deve ser feita com muito
amor e respeito.

Confirmação

"Tudo, portanto, quanto desejais
que os outros vos façam,
fazei-o, vós também, a eles.
Isto é a Lei e os Profetas"
(Mt 7,12).

3 de Março

Reflexão

A vida é boa e pode ser cada dia melhor.
Na página branca do tempo, todos são livres
para escrever o que quiserem.
Essa liberdade é concedida
ao ser humano por Deus.
Cada um é responsável
pela construção da própria história.
Acostume-se a pensar
de modo positivo.
Ame a todos, indistintamente.
Não permita que os ciúmes, a inveja,
a vaidade, o egoísmo e outros
sentimentos negativos entrem em sua vida.
Lembre-se de que não há vida
sem Deus, sem amor.
Faça o bem sem olhar a quem.

Meditação

Quem deixa de amar para de viver.
Deus é amor e encontra-se no amor.

Confirmação

"Sabemos que passamos da morte
para a vida, porque amamos os irmãos.
Quem não ama permanece na morte"
(1Jo 3,14).

4 de Março

Reflexão

Ao ver sua imagem refletida no espelho,
você pode levar um susto
ao perceber rugas
em sua face. Mas isso não indica
apenas a passagem dos anos e o momento
certo de amadurecer.
A vivência humana é feita de acertos e erros,
principalmente passados,
para não serem repetidos
no presente nem no futuro.
À medida que os anos passam,
todos são convidados a aprimorar seu interior.

Meditação

A fonte de toda sabedoria está em Deus.
Ao meditar a Palavra,
você adquire sabedoria para sua vida.

Confirmação

"Não digas: 'Por que os tempos passados
eram melhores que os de agora?'.
Pois não é a sabedoria que te inspira
essa pergunta. É boa a sabedoria
com a riqueza, e é vantajosa
para os que veem o sol"
(Ecl 7,10-11).

5 de Março

Reflexão
Se alguém que ama romper
o relacionamento mantido com você,
jamais entre em desespero.
Essa é uma boa chance para fazer
uma autoavaliação
do que precisa ser mudado.
Sempre haverá alguém
à espera de receber seu amor.
Mas vá com calma!
Lembre-se de que tudo tem
seu tempo certo.

Meditação
Aproveite os momentos difíceis
para crescer como pessoa.

Confirmação
"Quem é paciente resistirá
até o momento oportuno; depois,
a alegria lhe será restituída"
(Eclo 1,29).

Reflexão

Certamente, você já ouviu estas palavras:
"É perdoando que se é perdoado".
O perdão é a chave que liberta
a humanidade das mágoas
e dos ressentimentos.
É fundamental libertar-se e perdoar
a quem lhe fez sofrer ou causou mal.
Jamais guarde amarguras
nem rancor no coração.
Seja livre como as aves,
que voam até o horizonte infinito,
pois nele mora a paz.

Meditação

Quando concede o perdão,
você também se liberta.

Confirmação

"Suportai-vos uns aos outros
e, se um tiver motivo de queixa
contra o outro, perdoai-vos mutuamente.
Como o Senhor vos perdoou,
fazei assim também vós"
(Cl 3,13).

7 de Março

Reflexão
"É dando que se recebe."
Os bens e riquezas
acumulados na Terra
para nada servirão após a morte;
o que se leva da vida
é a riqueza espiritual de cada um
e o aprimoramento rumo à perfeição.
Você é convidado a repartir seus bens
com os irmãos menos favorecidos,
praticando, assim, a caridade,
o segundo maior mandamento dado por Deus.
No entanto, evite anunciar
suas boas ações aos quatro ventos.
"Não saiba a tua mão direita
o que fez a mão esquerda" (cf. Mt 6,3).
Deus, que tudo vê, tudo ouve
e tudo sabe, vai acolher seus gestos.

Meditação
As obras realizadas ensinam mais
que milhares de palavras.

Confirmação
"O amor não faz nenhum mal
contra o próximo. Portanto,
o amor é o cumprimento perfeito da Lei"
(Rm 13,10).

Reflexão

Nesse momento, como está se sentindo?
Se estiver triste ou desanimado,
não se esqueça de rezar.
Uma pessoa deprimida,
mas otimista, melhora mais rápido
que uma depressiva e sem esperanças.
Quem pensa e age com pessimismo
agrava ainda mais sua enfermidade.
Em suas orações, peça que Deus
remova de sua mente as atitudes causadoras
de depressão e pessimismo.
Nada lhe é impossível.

Meditação

Confie sempre em Deus!
Ele tudo pode e quer curá-lo!
Entregue-se a ele e dedique um pouco
do seu tempo aos irmãos.

Confirmação

"Jesus voltou-se e, ao vê-la, disse:
'Coragem, filha! A tua fé te salvou'.
E a mulher ficou curada
a partir daquele instante"
(Mt 9,22).

Reflexão

Viva de maneira que, no fim do dia,
você possa rever suas atitudes
e sentir-se feliz, muito feliz.
Não fique se perguntando
se obteve vitórias sobre os demais,
mas observe se conseguiu vencer o egoísmo,
se soube fazer os outros felizes,
se semeou a boa semente do amor,
se foi luz para quem andava nas trevas
e consolo para quem estava triste,
e se proferiu a palavra certa a quem precisou.
Lembre-se de que cada um
colhe o que semeia.

Meditação

Se semear amor, paz e felicidade,
essa será sua farta colheita.

Confirmação

"Não vos iludais, de Deus não se zomba;
o que alguém tiver semeado,
é isso que vai colher.
Quem semeia na sua própria carne,
da carne colherá corrupção.
Quem semeia no Espírito,
do Espírito colherá a vida eterna"
(Gl 6,7-8).

Reflexão

Existem pessoas que tentam dissimular
suas limitações físicas.
No entanto, mais importante
que demonstrar
um corpo sadio e perfeito
é ter o Espírito Santo de Deus
no coração, irradiando a luz divina.
Procure amar a todos
sem distinção; faça o possível
para levar a paz, o amor e a bondade
para todos os lugares onde for.
Se agir assim, você só tem a ganhar.

Meditação

A exemplo de Jesus, evite julgar
os outros somente pela aparência.
Só Deus sabe o que está
no coração de cada um.

Confirmação

"Não julgueis, e não sereis julgados"
(Mt 7,1).

10 de Março

11 de Março

Reflexão

Procure viver sempre na verdade.
O tempo é precioso demais
para ser desperdiçado,
e a vida é uma só.
Ao escolher um caminho,
analise-o minuciosamente
para onde vai conduzi-lo.
Inicie uma viagem a seu interior,
para descobrir-se.
Você verá o que é bom e o que precisa
ser mudado em sua existência.
Leia, medite e ore com a Palavra de Deus,
para proporcionar-lhe a verdadeira liberdade.

Meditação

Com o conhecimento
da Palavra de Deus e da oração,
é possível perceber a verdade que liberta.

Confirmação

"Jesus, então, disse
aos judeus que acreditaram nele:
'Se permanecerdes em minha palavra,
sereis verdadeiramente meus discípulos,
e conhecereis a verdade, e a verdade
vos tornará livres'"
(Jo 8,31-32).

Reflexão

"Pelos frutos, conhecemos a árvore",
diz Jesus. E continua:
"Frutos bons, árvore boa.
Frutos ruins, árvore ruim"
(cf. Mt 7,16ss).
Se seu coração estiver pleno
de amor e paz, sua boca vai emitir
palavras boas e edificantes;
mas, por outro lado, se
estiver pleno de mágoa e rancor,
dirá coisas menos positivas.

Meditação

A palavra é como uma flecha:
uma vez lançada, não retorna aos lábios
de quem a proferiu.

Confirmação

"Ou a árvore é boa, e o fruto, bom;
ou a árvore é má, e o fruto, mau.
É, portanto, pelo fruto que se conhece a árvore.
Víboras que sois!
Como podeis falar coisas boas, sendo maus?
A boca fala daquilo de que
o coração está cheio"
(Mt 12,33-34).

13 de Março

Reflexão
Para ter amigos,
é preciso demonstrar amizade
por meio da simpatia,
do amor e da sinceridade.
Saiba respeitar e valorizar
as pessoas, aceitando-as
como realmente são.
Ninguém é perfeito, somente Deus.
Evite procurar os amigos
somente quando precisa deles,
mas saiba ser solidário quando
eles precisarem de você.
Lembre-se de que os verdadeiros amigos
são para as horas certas e incertas.

Meditação
Nos momentos difíceis da vida,
é possível conhecer os amigos verdadeiros.

Confirmação
"Este é o meu mandamento:
amai-vos uns aos outros,
assim como eu vos amei.
Ninguém tem amor maior do que aquele
que dá a vida por seus amigos.
Vós sois meus amigos, se fizerdes
o que eu vos mando"
(Jo 15,12-14).

Reflexão

É bom reservar alguns momentos do dia
para a oração e intimidade com Deus.
A capacidade de agir e mudar do ser humano
vem do íntimo, do poder do espírito.
Assim como todos precisam de alimentação,
descanso e cuidados com a higiene,
o espírito necessita (e deve)
ser alimentado pela oração.
Seja um leitor assíduo da Palavra de Deus;
aos poucos, ela vai purificar seu modo de agir.
Da mesma forma, vivencie os sacramentos,
para fortalecer sua existência.
Lembre-se de que Jesus orava muito;
às vezes, ele iniciava suas orações ao cair da noite,
que se prolongavam até o amanhecer do outro dia.
Aqui, fica uma pergunta: diariamente,
quanto tempo você dedica à oração?

Meditação

Orar é nos colocar na presença de Deus e nos
alimentar com a força dos sacramentos.

Confirmação

"Da mesma forma, o Espírito vem
em socorro de nossa fraqueza.
Pois não sabemos o que pedir nem como pedir;
é o próprio Espírito que intercede em nosso favor,
com gemidos inefáveis"
(Rm 8,26).

15 de Março

Reflexão

Do fundo do coração, faça esta prece:
"Eu o agradeço, Senhor,
por mais um dia.
Concedei-me os dons da fé,
esperança e caridade.
Que sua presença seja força
em minha caminhada.
Que eu seja fiel,
amando-lhe realmente acima de tudo.
Obrigado(a), Senhor,
por minha família, meu trabalho,
meus amigos e por tudo o que recebi.
Que eu possa ser testemunha de seu amor
com gratidão e alegria. Amém!".

Meditação

É preciso cultivar no coração
um profundo sentimento
de gratidão a Deus.

Confirmação

"Nossa alma espera pelo Senhor,
é ele o nosso auxílio e o nosso escudo.
Nele se alegra o nosso coração e confiamos
no seu santo nome"
(Sl 33[32],20-21).

Reflexão
Neste dia, o livro dos Provérbios
nos convida a refletir sobre
as seguintes palavras de sabedoria:
"Meu filho, escuta as minhas palavras
e dá ouvido às minhas sentenças.
Que elas não se afastem de teus olhos;
pelo contrário, guarda-as no fundo
do coração: elas são vida
para os que as encontram
e saúde para todo o seu corpo.
Com todo o cuidado guarda teu coração,
pois dele procede a vida" (Pr 4,20-23).

Meditação
Por sua Palavra,
Deus concede a sabedoria a todos
e mostra os caminhos a serem trilhados.

Confirmação
"Como a argila está nas mãos do oleiro
para que a molde e dela disponha
a seu bel-prazer, assim o ser humano
está nas mãos de Quem o fez,
o qual o recompensará segundo
o seu julgamento"
(Eclo 33,13-14).

16 de Março

17 de Março

Reflexão

Jamais perca o sono,
principalmente por causa de dívidas,
em função de um maior *status* social.
É melhor morar em uma casa simples
que em uma mansão muito suntuosa,
mas com cobradores à porta.
Não se deixe levar por modismos, aparências,
querendo imitar os amigos mais ricos.
O preço a pagar por essas vaidades
é muito alto e não vale a pena.
É preferível viver de modo humilde
mas com muita paz de coração,
pois isso não há dinheiro que pague.

Meditação

Procure não se tornar
um escravo da vaidade.
Viva a vida com o que tem
e com o que realmente é.

Confirmação

"Vaidade das vaidades,
diz o Eclesiastes,
tudo é vaidade..."
(Ecl 12,8).

Reflexão

Provavelmente a frase
"A messe é grande..." foi inspirada
em um provérbio popular
aplicado por Jesus a uma situação
religiosa de sua época.
Pelo batismo, assumimos
a vocação de filhos de Deus;
como consequência, temos uma missão
a cumprir neste mundo.
A vocação sempre vem de Deus,
e a missão é um dom do Pai.
Por isso, assumir com consciência
o chamado de Deus
e aceitar suas exigências
é a melhor resposta.

Meditação

Deus conta com todas as pessoas
para colaborarem na construção de seu Reino.

Confirmação

"A colheita é grande,
mas os trabalhadores são poucos.
Pedi, pois, ao Senhor da colheita
que envie trabalhadores para sua colheita!"
(Mt 9,37-38).

Reflexão

O livro de Isaías traz
palavras confortadoras.
"Não tenhas medo,
que fui eu quem te resgatou,
chamei-te pelo próprio nome, tu és meu!
Se tiveres de atravessar pela água,
contigo estarei e a inundação
não te vai submergir!
Se tiveres de andar sobre o fogo,
não te vais queimar,
as chamas não te atingirão!
Pois eu sou o Senhor, o teu Deus,
o Santo de Israel, o teu Forte!"
(Is 43,1b-3a).

Meditação

Jamais tenha medo de nada!
Deus está sempre a seu lado.

Confirmação

"Quando, então, buscares o Senhor
vosso Deus, o encontrarás, se o buscares
com todo o teu coração e com toda a tua alma.
Na tua angústia, quando tiverem
acontecido contigo todas as coisas
que foram preditas, nos últimos tempos
voltarás para o Senhor teu Deus, e ouvirás a sua voz"
(Dt 4,29-30).

Reflexão

Abra o coração perante as dificuldades.
Lembre-se de que, mesmo diante
de situações aparentemente insolúveis,
sempre existe uma saída.
Deixe que Deus entre em seu coração
e faça ali sua morada!
Esteja disponível e receptivo
a novas oportunidades; estas apresentarão
um novo caminho rumo à felicidade,
a qual é conquistada pouco a pouco.
É importante que não se perca
nenhuma oportunidade de crescimento,
para que Deus possa agir em você.

Meditação

Todos os dias, Deus concede a todos
novas oportunidades para ir a seu encontro.

Confirmação

"Por isso, não desanimamos.
Mesmo se o nosso físico vai se arruinando,
o nosso interior, pelo contrário,
vai se renovando dia a dia.
Isto acontece porque miramos
as coisas invisíveis e não as visíveis.
Pois o que é visível é passageiro,
mas o que é invisível é eterno"
(2Cor 4,16.18).

20 de Março

21 de Março

Reflexão

Saiba que nem todos os dias são iguais.
Por isso, se tiver um acúmulo
de atividades, não se precipite;
se estiver angustiado, não se aflija.
Correr, viver, lutar, angustiar-se,
tudo faz parte da existência.
Em todas as circunstâncias,
tenha sempre em vista a moderação,
que equilibra e harmoniza seu ser.
Se enveredar por esse caminho,
você terá a sabedoria de vida
e fará uma experiência interessante
e profunda. Que tal experimentar isso hoje?

Meditação

Nos momentos difíceis, a reflexão, o silêncio
e a meditação são ótimos conselheiros.

Confirmação

"Eu sou a luz do mundo.
Quem me segue não caminha nas trevas,
mas terá a luz da vida"
(Jo 8,12).

Reflexão

Lembre-se de que
a existência humana
é construída dia a dia.
Deus concede suas dádivas
aos seres humanos,
por isso cabe a cada pessoa
usá-las com sabedoria,
para que se transformem
em dons a serviço dos irmãos.
Seja, pois, semeador
do bem e da paz!

Meditação

Todas as pessoas recebem sementes de Deus;
no entanto, cabe a cada uma a missão de preparar
o terreno, semear, irrigar e fazer que dê frutos.

Confirmação

"E o que semeias não é a planta
já desenvolvida – como será mais tarde –,
mas um simples grão, digamos, de trigo
ou de qualquer outro cereal;
e, de acordo com sua vontade,
Deus dá um corpo a esse grão,
como dá a cada uma das sementes
o seu corpo particular"
(1Cor 15,37-38).

23 de Março

Reflexão
Procure acompanhar
as mudanças pelas quais
o mundo passa.
Não pare no tempo.
É importante atualizar-se,
ler, participar de cursos,
pesquisar, descobrir, avaliar.
Siga sempre em frente
em sua jornada.

Meditação
Seja sempre receptivo
às mudanças que surgirem.

Confirmação
"Não vos conformeis com este mundo,
mas transformai-vos,
renovando vossa maneira de pensar e julgar,
para que possais distinguir
o que é da vontade de Deus, a saber,
o que é bom, o que lhe agrada,
o que é perfeito"
(Rm 12,2).

Reflexão

Sinta a presença de Deus,
que, como escudo, protege a todos.
A segurança que provém do Senhor
é semelhante a uma mão gentil
sob seu queixo, que levanta sua cabeça,
para que os olhos possam se fixar na face dele.
Nos momentos de dificuldade,
as mãos do Senhor estão sobre as pessoas.

Meditação

Sinta a presença de Deus
nas pessoas e em tudo o que o cerca.

Confirmação

"Lançai sobre ele toda a vossa preocupação,
pois ele é quem cuida de vós"
(1Pd 5,7).

25 de Março

Reflexão

Deus ama a todos, indistintamente.
Mesmo que se sinta abandonado,
saiba que Deus cuida de você
e está sempre a seu lado.
Ele é o abrigo seguro
nos momentos de dificuldade.
Coloque-se em sua presença
e ore com confiança.
Espere em Deus,
que sempre age na hora certa
e jamais esquece um filho seu.
Procure apoiar-se e confiar nele;
assim, jamais se sentirá abandonado!

Meditação

Somos os filhos amados de Deus,
que sempre cuida de nós.

Confirmação

"Lá de longe o Senhor lhe apareceu:
'Eu te amo com amor de eternidade;
por isso, guardo por ti tanta ternura!' "
(Jr 31,3).

Reflexão

Se, algum dia, sentir-se humilhado,
abandone-se aos pés de Jesus.
Lembre-se de que as provações
são meios de crescimento pessoal.
Olhe para Jesus,
que padeceu e morreu,
mas também ressuscitou
e trouxe vida plena.
Ele está sempre presente
na Eucaristia, em sua palavra e nos irmãos.
Por isso, jamais faça pouco caso
de sua presença.

Meditação

Divida seus problemas com Jesus
e com as pessoas de sua confiança.

Confirmação

"Entrega ao Senhor tua ansiedade
e ele te dará apoio, nunca permitirá
que vacile o justo"
(Sl 55[54],23).

27 de Março

Reflexão

Os seres humanos podem ser divididos
em individualistas e comunitários.
Os primeiros estão fechados
no próprio egoísmo,
e sua vida é sem graça.
Por esse motivo,
tornam-se causadores
da própria infelicidade.
Por sua vez, quem vive em comunidade
procura auxiliar o próximo;
em sua passagem pela vida,
deixam marcas da bondade e do amor,
que jamais se apagarão.

Meditação

O amor tudo vence, tudo supera!

Confirmação

"E nós, que cremos, reconhecemos o amor
que Deus tem para conosco. Deus é amor:
quem permanece no amor, permanece em Deus,
e Deus permanece nele"
(1Jo 4,16).

Reflexão

Em vez de criticar a família,
a religião, as pessoas,
mude, perdoe, recicle
seu modo de ser e pensar.
Procure ser diferente,
perdoando a todos e começando um novo dia
com amor e novas esperanças.
Jamais se envergonhe
de ser bom e viver a fé!
Acredite em Deus e em si mesmo
e não se deixe influenciar
por pessoas negativas ou maus pensamentos.

Meditação

Não tente mudar as pessoas.
Em primeiro lugar, modifique
seu modo de agir e pensar.

Confirmação

"Eu sou a videira e vós, os ramos.
Aquele que permanece em mim,
como eu nele, esse dá muito fruto;
pois sem mim, nada podeis fazer"
(Jo 15,5).

29 de Março

Reflexão
Qual é o real significado da oração?
Talvez pareça que é somente recitar,
repetir as preces decoradas na infância.
No entanto, significa muito mais que isso.
É falar, dialogar com o Senhor,
apresentar-lhe tudo
o que existe no coração.
Por isso, reze, peça e insista.
Mesmo que não possa ir a uma igreja,
reze sozinho no quarto, em casa
ou em qualquer lugar.

Meditação
Ore em todas as circunstâncias
e em todo lugar.

Confirmação
"Pedi e vos será dado!
Procurai e encontrareis!
Batei e a porta vos será aberta!
Pois todo aquele que pede recebe,
quem procura encontra, e a quem bate,
a porta será aberta"
(Mt 7,7-8).

Reflexão

Sempre é bom recomeçar!
Em vez de procurar desculpas
para os erros e fracassos,
reflita e siga em frente.
Quando se lastima,
o maior prejudicado é você mesmo.
Quem se esforça e persevera
consegue superar os limites
e atinge as metas
a que se propôs.

Meditação

À medida que têm perseverança,
todos amadurecem.

Confirmação

"No entanto, qualquer que seja o ponto
a que tenhamos chegado,
continuemos na mesma direção"
(Fl 3,16).

30 de Março

31 de Março

Reflexão

Deus não se satisfaz somente
com ritos, leis e cerimônias.
Embora isso seja necessário,
a vida terá sentido somente se for cultivada
uma profunda vida interior.
De acordo com os ensinamentos do Mestre,
todos devem seguir seu exemplo,
não olhando a aparência externa
das pessoas, mas o coração.
A purificação interior
é obra do Espírito Santo,
que vai ocorrer à medida que
as pessoas permitirem que ele aja
em suas vidas.

Meditação

A simplicidade de coração
aproxima as pessoas de Deus e dos demais.

Confirmação

"Mas o Senhor disse-lhe:
'Não te impressiones com a sua aparência,
nem com sua grande estatura; não é este
que eu quero. Meu olhar não é o dos homens:
o homem vê a aparência,
o Senhor vê o coração'"
(1Sm 16,7).

Reflexão

É preciso aceitar que
os fracassos e as dificuldades
fazem parte da existência
sem perder a fé nem a esperança.
Perseverar, eis a chave
para a conquista da felicidade.
Por isso, trabalhe com amor e alegria;
reze com fé e perseverança;
dedique-se mais à família,
e faça o propósito de
melhorar a cada dia.
Mesmo que, no caminho,
encontre muitos desafios,
jamais desanime!
Prossiga irradiando coragem de viver.

Meditação

Construa hoje um amanhã melhor.
Confie sempre em Deus!

Confirmação

"Em Deus confio, não temerei:
o que um homem me pode fazer?"
(Sl 56[55],12).

2 de Abril

Reflexão
Por que sofrer por antecipação?
Não é bom imaginar
dores e problemas futuros,
que só causam angústia e sofrimento.
Lembre-se de que
o medo paralisa, fecha caminhos
de sucesso e saúde
e acaba com a tranquilidade mental.
Quem anda pelos caminhos da confiança
se sente fortalecido e revigorado
para enfrentar as adversidades.

Meditação
É preciso se abandonar em Deus
e confiar nele, sem nenhum receio.

Confirmação
"Isso, porque eu sou o Senhor,
o teu Deus, eu te pego pela mão e digo:
'Não temas, que eu te ajudarei'"
(Is 41,13).

Reflexão

A principal missão do ser humano
é colaborar na construção
do Planeta. Será que, então, não vale
a pena praticar o bem?
Se sua vida estiver na escuridão,
lembre-se de que Deus
enviou seu Filho amado
para dar a própria vida
pela redenção da humanidade.
Ele é a luz do mundo,
que veio para que todos
tenham vida em abundância.
Então desfrute essa luz, que é Jesus.

Meditação

Ao caminhar na luz que é Jesus,
todos seguem em direção ao Pai.

Confirmação

"Jesus falou ainda:
'Eu sou a luz do mundo. Quem me segue
não caminha nas trevas,
mas terá a luz da vida'"
(Jo 8,12).

4 de Abril

Reflexão

Nunca é tarde para ser feliz.
Evite cruzar os braços! Faça o que puder,
que o restante Deus providenciará!
Existem muitos caminhos que conduzem
à plenitude; se não conseguir
por um, siga por outro.
Jamais desanime! Tente várias vezes,
até conseguir. Sempre haverá
uma nova oportunidade.
Não se deixe dominar
pelo desânimo. Acredite em Deus,
em você e na vida!

Meditação

Sempre é tempo para ser feliz!

Confirmação

"Pensai pois naquele que enfrentou
uma tal oposição por parte dos pecadores,
para que não vos deixeis abater
pelo desânimo"
(Hb 12,3).

Reflexão

Você já ouviu esta frase:
"Águas passadas não movem moinhos"?
Isso significa que
o que passou não volta mais.
Mesmo que, no passado,
tenha sofrido muito,
mantenha a confiança
no presente e no futuro.
Infelizmente, muitas pessoas
vivem o hoje presas ao ontem;
com isso, perdem muitas oportunidades
concedidas pelo agora.
Procure pensar em coisas boas!
Aproveite o momento atual!

Meditação

Jamais fique remoendo o que passou.
Acolha o presente como um dom.

Confirmação

"Só em Deus repousa a minha alma;
dele vem minha salvação.
Só ele é meu rochedo e minha salvação,
minha rocha de defesa:
jamais vou vacilar"
(Sl 62[61],2-3).

6 de Abril

Reflexão

Perdoe-se a si mesmo.
Por que nutrir sentimentos de culpa
em relação a você?
Esqueça o que passou e siga em frente.
Não se torture com os fatos passados.
Saiba que até mesmo
as experiências menos positivas
servem para o aprimoramento pessoal.
É importante evitar
a repetição dos erros.
Que você possa prosseguir
sua trajetória com o coração livre
e a consciência tranquila.

Meditação

Conceda-se o direito de ser perdoado.

Confirmação

"Agora, portanto, já não há condenação
para os que estão no Cristo Jesus.
Pois a lei do Espírito, que dá a vida
no Cristo Jesus, te libertou da lei
do pecado e da morte"
(Rm 8,1-2).

Reflexão

A vida dá muitas voltas.
Não humilhe seus semelhantes,
pois eles são seus irmãos.
Talvez aquela pessoa
que você humilhou hoje
será quem que vai lhe estender
a mão no futuro.
Viva com humildade,
sem extrapolar os próprios limites.
Sobretudo, tenha prudência,
para evitar problemas futuros.
Lembre-se de que a vida
dá muitas voltas.

Meditação

Seja simples e humilde.
Nunca humilhe ninguém.

Confirmação

"E assim, repassando geração
por geração, compreendei que jamais
desfalecerão os que esperam em Deus!"
(1Mc 2,61).

8 de Abril

Reflexão

Louve a Deus
pela vida. Pela família.
Pelas curas, graças e libertações.
Pelo trabalho a serviço da Igreja, dos irmãos.
Louve a Deus pelo ar que respira,
pelos dons recebidos,
fruto de seu esforço e trabalho.
Antes de fazer qualquer pedido,
lembre-se de agradecer ao Senhor
por tudo o que lhe foi concedido.

Meditação

Faça de sua vida
uma expressão de louvor.

Confirmação

"Louvai-o com címbalos sonoros,
louvai-o com címbalos retumbantes;
todo ser vivo louve o Senhor.
Aleluia!"
(Sl 150,5).

Reflexão

Superar as limitações, as dificuldades,
os medos e as incertezas
é essencial a quem deseja
acreditar em Deus e em si mesmo.
O que parece impossível ao ser humano
é perfeitamente possível ao Senhor.
Mesmo que tenha limitações
físicas, intelectuais,
sociais ou culturais,
tenha fé e esperança no Criador.
Lembre-se de que
você pode tudo!

Meditação

Sozinho, você nada pode fazer.
Com Deus, tudo é possível.

Confirmação

Jesus respondeu:
"Em verdade vos digo: se tiverdes fé
do tamanho de um grão de mostarda,
direis a esta montanha:
'Vai daqui para lá', e ela irá.
Nada vos será impossível"
(Mt 17,20).

10 de Abril

Reflexão

Você possui complexo de inferioridade?
Por que pensa que os demais
são superiores?
Todos têm qualidades,
habilidades e limitações.
Nunca se julgue inferior aos outros,
se em seu interior existem amor
e força de vontade
capazes de conduzi-lo
à conquista dos seus ideais.
Com a força do pensamento
e a confiança em Deus,
você conseguirá realizar
todos os seus projetos.

Meditação

Somente Deus é perfeito.

Confirmação

"Graças sejam dadas a Deus
que nos dá a vitória por Nosso Senhor,
Jesus Cristo"
(1Cor 15,57).

Reflexão

Ore sempre, em todo momento e lugar.
Medite! Liberte sua mente
de todo sentimento negativo,
como o medo, a inveja, os ciúmes,
o rancor e a desesperança.
Se preferir rezar e meditar
em um templo ou igreja, faça-o.
Caso se sinta melhor orando
de joelhos, faça-o.
Lembre-se de que
a sinceridade é vital à oração.
Então, com sincera determinação,
peça que Deus o ajude a estabelecer
linhas de comunicação com ele.

Meditação

As pessoas oram porque vivem
e vivem porque oram.

Confirmação

"Com toda sorte de preces e súplicas,
orai constantemente no Espírito.
Prestai vigilante atenção neste ponto,
intercedendo por todos os santos"
(Ef 6,18).

12 de Abril

Reflexão

Agradeça a Deus
por mais um dia de vida
e também pela oportunidade
de crescimento e novas experiências.
Procure não se lamentar
pelas desilusões sofridas,
mas perceba o amor recebido hoje.
Visualize todos os benefícios
que fez a alguém,
bem como as ações
de caridade que praticou.
Deixe-se preencher e renovar
pelo amor do Espírito Santo.
Além de iluminar sua vida
e seus caminhos, ele vai transformá-lo
em nova criatura.

Meditação

Procure semear amor, paz e alegria.

Confirmação

"Mas o Defensor, o Espírito Santo
que o Pai enviará em meu nome,
ele vos ensinará tudo e vos recordará
tudo o que eu vos tenho dito"
(Jo 14,26).

Reflexão

Ninguém pode ficar
de braços cruzados, esperando
que tudo caia do céu.
O que é de responsabilidade de cada um
não pode ser delegado a terceiros.
O ser humano pode muito mais
do que pensa e imagina.
Não espere pelos outros.
Acredite em si mesmo
e inicie a construção da própria vida.

Meditação

Se não puder erigir um grande edifício,
construa uma pequena casa.
Mas faça-a você mesmo!

Confirmação

"Depois de terdes sofrido um pouco,
o Deus de toda a graça, que vos chamou
para a sua glória eterna, no Cristo Jesus,
vos restabelecerá e vos tornará firmes,
fortes e seguros"
(1Pd 5,10).

13 de Abril

14 de Abril

Reflexão
Lembre-se de que a sabedoria
é a fonte da verdadeira felicidade
que nos é concedida por Deus.
O salmo 119(118) reza assim:
"Felizes aqueles que vivem
nos preceitos do Senhor.
Felizes os que guardam
os caminhos de Deus.
Felizes os que temem ao Senhor
e andam em seus caminhos.
Felizes os que depositam
sua confiança no Senhor.
Felizes aqueles cuja vida
é pura e seguem a lei do Senhor.
Felizes os que ouvem a Palavra de Deus,
e as colocam em prática no dia a dia".

Meditação
Ser feliz é entregar nossa vida em
favor dos nossos irmãos.

Confirmação
"Árvore da vida é ela
para os que a abraçam, e é feliz
aquele que a conserva"
(Pr 3,18).

Reflexão

Muitas vezes, as pessoas têm dúvidas
sobre a existência de Deus.
No entanto, elas são incapazes
de perceber a sua presença
na brisa do mar, no sol que aquece,
no perfume das flores, no canto dos pássaros,
no semblante das crianças,
no rosto do jovem,
nos sinais da passagem do tempo
na face do idoso, no irmão que sorri
e no irmão que chora.
Se tiver sensibilidade para perceber que ele
está em cada pessoa e em todos os lugares,
você será capaz de se aproximar de Deus.

Meditação

O segredo de uma bela vida é sentir
e viver intensamente cada momento!

Confirmação

"Uma geração conta à outra
as tuas obras, anuncia tuas maravilhas.
Proclama o esplendor glorioso da tua majestade
e narra teus prodígios"
(Sl 145[144],4-5).

16 de Abril

Reflexão
"Bem-aventurados os pacíficos,
porque serão chamados
filhos de Deus" (cf. Mt 5,9).
Trabalhar pela paz
é estabelecer condições de vida
que tornem cada ser humano
mais feliz, seguro de si mesmo
e do futuro. Significa suavizar
os relacionamentos humanos,
solucionar problemas,
promover a compreensão
entre as pessoas.
É dar a cada um o que lhe pertence,
respeitando o direito de todos.
Os que trabalham pela paz serão chamados
filhos de Deus, porque ele
é o Senhor da paz, não da guerra.

Meditação
Faça hoje a experiência
de ser uma pessoa que transmite a paz.

Confirmação
"Do céu o Senhor está olhando,
ele vê a humanidade inteira.
Do lugar onde mora observa todos
os habitantes da terra"
(Sl 33[32],13-14).

Reflexão

Às vezes, você pode julgar
que muitas coisas são impossíveis
antes mesmo de tentar realizá-las.
Se mantiver o pensamento firme e positivo,
aliado à fé inabalável em Deus,
tudo pode ser realizado.
Já percebeu a força
do poder que possui?
Como é bom ser otimista e enxergar
somente o lado positivo de tudo.
Em seu interior,
existem duas forças incríveis:
a fé e o pensamento positivo.
Não se entregue ao desânimo nem ao medo.

Meditação

A força de vontade,
aliada à fé em Deus, produz
verdadeiros milagres entre as pessoas.

Confirmação

"O Senhor respondeu:
'Se tivésseis fé, mesmo pequena
como um grão de mostarda,
poderíeis dizer a esta amoreira:
arranca-te daqui e planta-te no mar,
e ela vos obedeceria'"
(Lc 17,6).

18 de Abril

Reflexão

Agradeça a Deus o lindo dia de hoje.
Reze com o salmista:
"Ó Deus, meu rei,
quero exaltar-te e bendizer teu nome
eternamente e para sempre.
Quero bendizer-te todo dia.
Louvar teu nome eternamente
e para sempre.
Grande é o Senhor
e digno de todo louvor.
Não se pode medir sua grandeza"
(Sl 145 [144]).

Meditação

Quem louva a Deus
também abre o coração
para as necessidades dos irmãos.

Confirmação

"Dai graças, em toda e qualquer situação,
porque esta é a vontade de Deus,
no Cristo Jesus, a vosso respeito"
(1Ts 5,18).

Reflexão

A amizade é um dos maiores
dons dos seres humanos.
É um vínculo que ultrapassa
interesses, objetivos, distâncias
ou histórias em comum.
Muitas vezes, as pessoas
trazem recordações
de amizades da infância,
algumas perdidas no tempo,
outras cultivadas até o presente.
A verdadeira amizade significa
estar na companhia do outro
em todos os momentos.
Acredite nos bons amigos.

Meditação

Você tem um amigo
que o ama: Jesus.

Confirmação

"Tal era eu nos dias
de minha adolescência,
quando Deus era familiar
à minha tenda"
(Jó 29,4).

Reflexão

Os seres humanos são limitados.
No entanto, muitos sentimentos
lhes são definitivos, como o amor,
a paz, a bondade, a verdade e a justiça.
Esses são valores
pelos quais vale a pena lutar.
Muitas vezes, talvez você imagine
que tudo vai durar para sempre;
porém, nada é eterno.
O mais importante é que
Jesus seja o centro de sua vida,
a qual deve ser entregue pelos irmãos.

Meditação

Tudo o que você é, possui e realiza
deve estar a serviço do Reino de Deus.

Confirmação

"O mesmo ocorreu a Tiago e João,
filhos de Zebedeu e sócios
de Simão. Jesus disse a Simão:
'Não tenhas medo!
De agora em diante serás pescador
de homens!'. Eles levaram os barcos
para a margem, deixaram tudo
e seguiram Jesus" (Lc 5,10-11).

Reflexão

Tudo o que as pessoas sentem e pensam
é exteriorizado de algum modo.
Por isso, se tiver pensamentos positivos,
você vai se sentir forte,
e tudo dará certo em sua vida.
Nunca é demais dizer que a confiança
em Deus e nas próprias habilidades nos
torna livres para o serviço aos irmãos e irmãs.

Meditação

Os pensamentos determinam a vida.
Por isso, procure sempre ter
pensamentos positivos.

Confirmação

"Espera no Senhor, sê forte,
firme-se teu coração e espera no Senhor"
(Sl 27,14).

22 de Abril

Reflexão
Talvez a luta pela
estabilidade financeira acarrete
um grande vazio existencial
na maioria das pessoas.
Nesses momentos,
dialogar e conversar
com aqueles que ama
se torna a mais importante
descoberta de Deus neste mundo.
Lembre-se de que você nunca está só.

Meditação
No decorrer do dia, dedique um tempo
para cumprimentar, conversar,
sorrir, enfim, perceber Deus
naqueles que o cercam.

Confirmação
"Eu porém sou pobre e infeliz;
Deus, socorre-me! Tu és meu auxílio
e meu libertador, Senhor,
não demores"
(Sl 70[69],6).

Reflexão

A vida é imprevisível.
Um dia, as pessoas estão alegres;
no outro, tristes e desanimadas.
Em um dia, repletas de saúde;
no outro, enfermas.
O Pai enviou seu Filho Jesus
para estar no meio da humanidade.
Como dizia São Paulo,
nada nos pode separar de seu amor,
nem a morte nem a vida,
nem o presente nem o futuro,
nem as lutas nem as alegrias,
nem criatura alguma.

Meditação

Nada pode nos separar
do amor de Deus.

Confirmação

"Eu te amo, Senhor, minha força,
Senhor, meu rochedo,
minha fortaleza,
meu libertador"
(Sl 18,2-3a).

24 de Abril

Reflexão

Atualmente, talvez
haja situações que o atormentem,
como, por exemplo, falta de estudo,
deficiências físicas,
dificuldades financeiras,
conflitos familiares, depressão.
Ao deparar-se com essas cruzes,
você pode tomar várias atitudes:
rejeitá-las, ignorá-las, negá-las
e até mesmo odiá-las,
ou enfrentar cada situação
com a ajuda de amigos, familiares
e, sobretudo, com a graça de Deus.
Jesus não disse: "Faça uma cruz"
ou: "Procure uma cruz", mas sim:
"Tome sua cruz", ou seja,
aceite carregá-la, mesmo que algumas vezes
seja muito pesada.

Meditação

A cruz tem dois lados: em um deles
está Jesus; no outro, a humanidade.

Confirmação

"Então Jesus disse aos discípulos:
'Se alguém quer vir após mim,
renuncie a si mesmo,
tome sua cruz e siga-me'"
(Mt 16,24).

Reflexão

Existem palavras que
alegram e edificam;
além disso, alimentam a alma
dos seres humanos
e os mantêm vivos.
Algumas frases de incentivo
podem fortalecer os laços de amizade.
Por esse motivo,
são fatores essenciais
à existência humana.

25 de Abril

Meditação

Palavras de amor e carinho
alimentam como o pão.
Por isso, são extremamente necessárias
aos seres humanos.

Confirmação

"Palavras gentis são um favo de mel,
doçura para a alma e saúde
para o corpo"
(Pr 16,24).

26 de Abril

Reflexão

Cada ser humano é único.
Nessa unicidade, todos se sentem solitários.
No entanto, é importante avaliar
se deixa sua solitude
se tornar solidão ou se permite
que a solidão se instale em sua vida.
Este sentimento faz que
as pessoas se agarrem
umas às outras com desespero.
Em contrapartida,
a solitude permite que os demais
sejam considerados em sua originalidade,
pois cada pessoa tem em seu interior
uma parte íntima, secreta,
que precisa ser respeitada.

Meditação

Quando faz escolhas sábias,
você encontra a solitude em seu coração,
onde cresce o amor, jamais a solidão.

Confirmação

"Não se perturbe o vosso coração!
Credes em Deus, crede também
em mim" (Jo 14,1).

Reflexão

Não tenha pressa de vencer.
Escale degrau por degrau,
até chegar ao topo.
Tenha pensamentos positivos;
confie em si mesmo,
em seus empreendimentos
e, principalmente, em Deus!
No tempo certo,
tudo dará certo.

Meditação

Passo a passo, dia após dia,
são trilhados os caminhos da vida.

Confirmação

"Revela ao Senhor tuas tarefas,
e teus projetos se realizarão"
(Pr 16,3).

27 de Abril

Reflexão

Como é bom e saudável viver
com entusiasmo e alegria
em busca de um sonho.
Para que isso ocorra,
é fundamental caminhar na direção
de seus objetivos sem desanimar;
dedicar-se totalmente
a tudo o que faz;
cultivar o bom humor e a generosidade;
praticar exercícios físicos
e manter uma alimentação
sadia e equilibrada.
Assim, você viverá melhor o presente.

Meditação

Só quem ousa cria
e tenta novas coisas.

Confirmação

"Pensai pois naquele que enfrentou
uma tal oposição por parte dos pecadores,
para que não vos deixeis abater
pelo desânimo"
(Hb 12,3).

Reflexão

Não renuncie à felicidade.
Não deixe passar as boas oportunidades,
sem saber aproveitá-las. Nada se repete.
Ninguém poderá incriminá-lo
se arcar com as consequências
dos próprios erros.
Jamais renuncie a nada
em função de pressões sociais,
preconceitos e receios que somente
paralisam e anulam a criatividade.
Cada pessoa é responsável
pelas próprias atitudes.

Meditação

Só quem realiza algo está passível de erros.
Mas só o faz quem não tem medo de errar
e não teme o desconhecido.

Confirmação

"Não tenhas medo, que eu estou contigo.
Não te assustes, que sou o teu Deus.
Eu te dou coragem, sim, eu te ajudo.
Sim, eu te seguro com minha
mão vitoriosa"
(Is 41,10).

30 de Abril

Reflexão

Todos os pensamentos têm consequências.
Na maioria das vezes,
os bons resultados são fruto
de pensamentos positivos,
provenientes de um bom coração
que só deseja o bem para as outras pessoas.
A presença de Deus
pode ser fortemente percebida,
porque sua graça nunca falta a ninguém,
em nenhum momento.
Algumas vezes,
os sucessos e fracassos
são determinados pelas decisões individuais.
Por isso, é bom estar atento
para desejar somente o bem
a si mesmo e aos demais.

Meditação

Confie em Deus e, ao mesmo tempo,
na própria capacidade.

Confirmação

"Caríssimo, desejo que prosperes em tudo
e que tua saúde física esteja tão boa
quanto a de tua alma"
(3Jo 1,2).

Reflexão

Para muitas pessoas,
uma das maiores
dificuldades é dizer não.
Você não precisa provar nada
para ninguém.
Procure ser fiel
aos próprios sentimentos e princípios;
não faça nada contra sua vontade
só para agradar os outros.
O mais importante é não se preocupar
com a opinião alheia.

Meditação

Não permita que ninguém
invada seu espaço.
Seja você mesmo.

Confirmação

"Será que fui leviano, por ter
esse propósito? Ou acaso meus planos
se inspiram em razões humanas
e, por isso, ficam oscilando
entre o 'sim' e o 'não'?" (2Cor 1,17).

Reflexão

Você já se deparou com alguma situação
em que foi injustamente caluniado
e acusado por algo que não fez?
Após o nervosismo inicial,
pare e perceba que, quanto mais dá
atenção a isso, mais vai ao encontro
dos objetivos do acusador.
Nesse momento, a melhor atitude
a ser tomada é perdoar.
Embora fosse caluniado, e injuriado,
Jesus perdoou seus algozes, dizendo:
"Pai, perdoa-lhes. Eles não sabem
o que fazem!" (Lc 23,34).
Por isso, espelhe-se
no exemplo de Jesus
e desculpe as faltas alheias.

Meditação

Para a maioria das pessoas, é mais fácil
ver o erro no próximo que nelas mesmas.

Confirmação

"Tudo, portanto, quanto desejais
que os outros vos façam, fazei-o,
vós também, a eles.
Isto é a Lei e os Profetas"
(Mt 7,12).

Reflexão

Faça hoje a experiência
de calar por amor.
Procure ouvir as batidas
de seu coração e a voz de Deus
no mais íntimo de seu ser.
Desligue-se de toda agitação
e ruídos externos.
Eleve seu coração a Deus.
Agradeça! Louve!
Peça-lhe perdão! Entregue-se a ele.
Sinta seu amor maravilhoso e infinito.

Meditação

Quando estiver sozinho e em silêncio,
entre em comunhão com Deus,
que habita no mais íntimo de seu ser,
e sinta o seu amor.

Confirmação

"Bendito seja o Deus e o Pai
de nosso Senhor Jesus Cristo,
o Pai das misericórdias
e Deus de toda consolação"
(2Cor 1,3).

3 de Maio

4 de Maio

Reflexão

Você já parou para pensar
no que é capaz de fazer?
Se quisesse, poderia plantar
sementes de amor, alegria e otimismo.
Também poderia estender a mão
para ajudar um irmão, vendo nele Jesus.
Desse modo, todos veriam a luz
em você, refletindo a presença
de Deus em seu interior.
Por último, poderia fazer
muitas coisas em benefício próprio
e das demais pessoas.
Se quisesse, poderia...
Mas você pode! Acredite!

Meditação

Quem ouvir e viver a Palavra de Deus
será conduzido pelo bom caminho.

Confirmação

"Ensina-me a cumprir tua vontade,
porque és meu Deus.
Teu Espírito bom me guie
por uma estrada plana"
(Sl 143[142],10).

Reflexão

Algumas pessoas têm medos,
ressentimentos, complexos,
ferimentos emocionais e espirituais
difíceis de serem superados.
Certas atitudes decorrem
de traumas sofridos desde o momento
da concepção até a fase adulta.
Por isso, é preciso pedir que,
pela força do Espírito Santo,
o Senhor cure e apague da mente
traumas, rejeições e medos.
Somente assim pode haver a paz interior.

Meditação

Quanto mais as pessoas pedirem
que o o Pai lhes envie o Espírito Santo,
mais graças, curas
e libertações serão alcançadas.

Confirmação

"O anjo respondeu:
'O Espírito Santo descerá sobre ti,
e o poder do Altíssimo te cobrirá
com a sua sombra. Por isso,
aquele que vai nascer será chamado
santo, Filho de Deus'"
(Lc 1,35).

6 de Maio

Reflexão

Maria, mãe de Jesus!
Maria, modelo de mãe,
obediência, fé, serviço
e amor aos irmãos.
Assim como ama,
admira e cuida de sua mãe,
você precisa ter
um profundo respeito por ela.
Colocar a vontade
de Deus acima de tudo deveria ser
seu principal objetivo.
A vontade de Deus na vida de Maria
consiste em viver o Evangelho
e ir ao encontro dos semelhantes.

Meditação

Como Maria, diga "sim" à vida e ao amor.

Confirmação

"Sua mãe disse aos que estavam servindo:
'Fazei tudo o que ele vos disser!'"
(Jo 2,5).

Reflexão

Em alguns momentos da vida,
a maioria das pessoas reclama
e se queixa de que tudo está monótono
e sem perspectivas.
Por isso, procure se conscientizar
de que seus atos
nunca são insignificantes.
Que sua doação
material ou espiritual
seja sempre fruto de um grande ato
de amor e carinho.

Meditação

Neste mundo, sua missão
é servir a Deus e aos irmãos.

Confirmação

"Pois o Filho do Homem
não veio para ser servido,
mas para servir e dar a vida
em resgate de muitos"
(Mc 10,45).

8 de Maio

Reflexão
Todos os dias,
para enfrentar as adversidades
da melhor maneira,
é bom evitar pensamentos negativos,
que acarretam sentimentos
de tristeza, pessimismo e derrota.
Lembre-se de que
o melhor caminho a seguir
é esperar confiante o fruto da boa semente
plantada hoje para ser colhida amanhã.

Meditação
Cultive um modo de ser
alegre e otimista.
Seja capaz de visualizar o lado bom
de todas as coisas.

Confirmação
"O Senhor firma os passos do homem,
sustenta aquele cujo caminho lhe agrada.
Se ele cair, não ficará prostrado,
pois o Senhor segura sua mão"
(Sl 37[36],23-24).

9 de Maio

Reflexão

Conquiste uma profunda liberdade interior.
Para que isso seja possível,
em primeiro lugar, é necessário
que haja a autoaceitação.
Em seguida,
vem a aceitação irrestrita do outro,
sem querer mudá-lo.
É fundamental considerar
as qualidades e capacidades individuais,
não só as deficiências e limitações.
Lembre-se de que o que vai permanecer
é a verdade interior de cada um.

Meditação

Todo ser humano
tem em si mesmo
o desejo de ser aceito e amado.

Confirmação

"Mas o Senhor disse-lhe:
'Não te impressiones com a sua aparência,
nem com a sua grande estatura:
não és este que eu quero.
Meu olhar não é o dos homens:
o homem vê a aparência,
o Senhor vê o coração'"
(1Sm 16,7).

10 de Maio

Reflexão
A maternidade é um dom divino.
Você, que é mãe,
lembre-se de que a melhor lição
que pode dar a seu filho
é o bom exemplo.
Quando corrigir seus filhos,
faça-o sempre com amor e ternura,
pois esse é o melhor momento para dialogar.
Procure sempre transmitir-lhes
conceitos éticos e cristãos.
Jamais deixe que aprendam
valores incorretos,
que, muitas vezes,
são apresentados como normais.
Em um lar onde não faltam
o amor e o perdão,
a festa e a alegria são permanentes.

Meditação
Faça do diálogo uma prática constante.

Confirmação
"Cada ano sua mãe fazia
uma pequena túnica e lhe trazia,
quando vinha com seu marido
oferecer o sacrifício anual"
(1Sm 2,19).

Reflexão

Falar em Maria...
Falar na mãe de Jesus.
Ela é a mãe de toda a humanidade.
Com o coração dilacerado pela dor,
ficou firme ao pé da cruz,
onde acompanhou
o sofrimento de seu filho.
No entanto, em seu interior,
conhecia o propósito de Deus
para salvar os seres humanos.
Por isso, a melhor maneira de demonstrar
respeito e amor por Maria
é cumprindo a vontade de seu filho Jesus.

Meditação

Maria é o maior exemplo
de amor e fé da humanidade.

Confirmação

"Depois disse ao discípulo:
'Eis a tua mãe!'. A partir daquela hora,
o discípulo a acolheu no que era seu"
(Jo 19,27).

12 de Maio

Reflexão

São Francisco de Assis,
de família abastada, em certo momento da vida,
encontrou-se com Cristo.
A partir desse momento, mudou radicalmente
sua maneira de agir e pensar.
Após abandonar as festas e a vida fácil,
saiu em busca da construção de um grande ideal,
sendo incompreendido por muitos.
Sua fé em Cristo e a firme convicção em uma missão
a cumprir o tornaram forte, inabalável.
Nos dias de hoje, todos são chamados
à santidade e convidados a fazer de sua peregrinação
terrena uma constante busca de conversão
e mudança de vida.

Meditação

Que São Francisco seja a fonte inspiradora
de nossas atitudes e gestos de amor.

Confirmação

"Sede santos, porque eu,
o Senhor vosso Deus,
sou santo" (Lv 19,2).
Jesus repete o convite:
"Sede, portanto, perfeitos, como o
vosso Pai celeste é perfeito"
(Mt 5,48).

13 de Maio

Reflexão

A cada novo dia,
surgem desafios
que precisam ser enfrentados.
Por esse motivo,
ninguém pode fechar os olhos
para a realidade.
Na vida, existem muitas oportunidades
de felicidade, nos negócios,
no trabalho, na vida social
e no amor.
Mesmo em meio
a sofrimentos e dificuldades,
é possível encontrar algo positivo.

Meditação

A cada novo dia, surgem bons motivos
para que a vida seja valorizada.

Confirmação

"Mas, como está escrito,
'o que Deus preparou para os que o amam
é algo que os olhos jamais viram,
nem os ouvidos ouviram, nem coração
algum jamais pressentiu'"
(1Cor 2,9).

14 de Maio

Reflexão

A vida passa rápido.
Por isso, faça um balanço das
oportunidades perdidas.
A partir de agora,
aproveite cada momento,
para que seu futuro seja de paz,
prosperidade, segurança e alegria.
Lembre-se de que nunca
é tarde demais para ser feliz.
Busque uma vida interior de oração,
renovando-se sempre em Deus.
Aproveite o momento presente,
para não perder nenhuma ocasião
de fazer o bem.

Meditação

Trabalhe, lute, ore, estude, assuma
responsabilidades. Aproveite também
os momentos de lazer e diversão.

Confirmação

"O Senhor firma os passos do homem,
sustenta aquele cujo caminho
lhe agrada"
(Sl 37[36],23).

Reflexão

Algumas vezes,
talvez você seja acometido
por sentimentos de inferioridade
em relação aos demais.
No entanto, jamais permita
que o pessimismo
invada seu íntimo.
Se acreditar no bom resultado
de seus empreendimentos,
você vai adquirir autoconfiança
e sairá vencedor.

Meditação

Nunca se julgue inferior aos demais.
Em seu interior, existem sentimentos
que o impelem a seguir em frente.

Confirmação

"Mas também eu, como vós,
tenho entendimento, e não sou inferior a vós;
quem ignora aquilo que sabeis?"
(Jó 12,3).

16 de Maio

Reflexão
Tudo o que possuímos
é concedido gratuitamente por Deus.
Ele não cobra nada por isso;
ao contrário, enviou seu único Filho
para morrer pela salvação da humanidade.
Jesus nos confiou a missão de evangelizar.
Isso significa transmitir o amor
ensinado por ele a todas as pessoas
para que todos tenham a oportunidade de
conhecê-lo, amá-lo e segui-lo.
Nesse momento, você pode se questionar:
por onde começar a cumprir
a missão como filho de Deus?
A resposta é simples: isso é possível
a partir dos pequenos gestos
de compreensão, acolhida,
perdão e reconciliação.

Meditação
Seja um verdadeiro evangelizador
do bem e da verdade.

Confirmação
"Quem acolhe e observa
os meus mandamentos, esse me ama.
Ora, quem me ama será amado
por meu Pai, e eu o amarei
e me manifestarei a ele"
(Jo 14,21).

Reflexão

Sempre haverá oportunidades
e circunstâncias reveladoras
de que Deus existe
e está bem próximo de nós.
Cabe a todos perceberem
sua presença no dia a dia.
É importante mostrar ao mundo que Deus existe,
não tanto com palavras, mas sim com obras,
dando testemunho desse Deus vivo,
presente em cada um de nós.
Você foi enviado por Deus
para ser missionário da bondade,
da compreensão e do perdão.

Meditação

A partir de seu testemunho,
as demais pessoas perceberão
a presença de Deus e sentirão a paz
que se origina dele.

Confirmação

"Que beleza, pelas montanhas,
os passos de quem traz boas-novas,
daquele que traz a notícia da paz,
que vem anunciar a felicidade,
noticiar a salvação, dizendo a Sião:
'Teu Deus começou a reinar!'"
(Is 52,7).

Reflexão

Diariamente, existem gestos
que podem ser facilmente realizados
por todos, como, por exemplo,
dar um copo de água a alguém,
atender uma pessoa necessitada,
ser naturalmente simpático
e tratar a todos sem distinção;
ser honesto, prestativo;
trabalhar para viver
e não viver para trabalhar;
rir com gosto de uma piada
ou das próprias tolices.
Elogiar alguém e dar um conselho,
quando solicitado.
Tudo isso é fácil e não custa muito.

Meditação

Procure ser uma pessoa de valor,
em vez de ser alguém de sucesso.

Confirmação

"Em tudo vos mostrei que,
trabalhando desse modo,
se deve ajudar os fracos,
recordando as palavras do Senhor Jesus,
que disse: 'Há mais felicidade em dar
do que em receber'"
(At 20,35).

Reflexão

A alegria de quem tem Deus no coração
é serena e está no mais íntimo do ser;
não depende de circunstâncias,
fatos, nem de outra pessoa.
Para que sua vida
não seja apenas "mais um riso",
procure tornar sua existência
plena de amor para aqueles
que o rodeiam.
Muitas pessoas depositam sua felicidade
nos valores materiais e dizem: "Quando eu tiver isso";
"Quando eu comprar aquilo".
Lembre-se de que a verdadeira felicidade
vem de Deus e do mais profundo do ser.

Meditação

A verdadeira alegria que vem de Deus
brota na alma das pessoas,
no mais íntimo do ser.

Confirmação

"Feliz aquele que me escuta,
velando em meu portal cada dia,
guardando os umbrais da minha porta!
Quem me encontrar encontrará a vida
e gozará das delícias do Senhor"
(Pr 8,34-35).

20 de Maio

Reflexão

A partir do nosso batismo nos tornamos
membros da grande família de Deus.
No entanto, muitos pensam que, para ser filhos de
Deus, é suficiente frequentar a igreja
e participar da missa.
De acordo com São Tiago, lembre-se de que
o amor sem obras não vale nada.
Temer ao Senhor significa
ter respeito, obediência a Deus
e amor concreto.
Quem ama a Deus procura agradar-lhe,
fazendo sua vontade e vivendo
seus mandamentos.

Meditação

Praticar a justiça quer dizer
viver na fraternidade, na caridade
e no amor, lutando para implantar
o Reino de Deus na terra.

Confirmação

"Os que temem o Senhor
procuram o que lhe agrada,
os que o amam saciam-se
com a sua Lei"
(Eclo 2,19).

Reflexão

Sonhar é preciso...
É importante... é vital...
Por isso, mesmo que tenha
os sonhos interrompidos ou desfeitos
pelos fatos do cotidiano,
jamais deixe de acreditar
na realização de seus ideais.
Na vida, tudo possui o tempo certo;
enquanto houver amor nos corações,
sempre existirão sonhos.
Por isso, pergunte-se hoje:
"Eu acredito? Sei esperar,
a despeito de toda desesperança?".

Meditação

A felicidade é uma conquista
diária e contínua.

Confirmação

"Teu coração não inveje os pecadores,
mas persevere no temor do Senhor
o dia inteiro: assim tens
a descendência garantida, e a tua esperança
não se frustrará"
(Pr 23,17-18).

22 de Maio

Reflexão
Deus criou os seres humanos
à sua imagem e semelhança.
Essa afirmação é repleta de significados.
A imagem e a semelhança de Deus
devem refletir-se nas atitudes, gestos e ações exteriores
e interiores de cada pessoa, de maneira que o próprio
Deus possa refletir-se e contemplar-se a si mesmo.
Nas ações realizadas, é importante ser semelhante a
Deus, para que todos os que se aproximarem
de você sintam sua presença.
Cada ato praticado deve conter um pouco da beleza,
do amor e da bondade de Jesus.
Como disse o apóstolo Paulo,
"Não somos nós que vivemos,
mas sim Cristo que vive em nós" (Cf. Gl 2,20).
Aqui, fica a questão:
seus atos e atitudes
refletem a presença de Jesus?

Meditação
Cada ação praticada no cotidiano
deverá estar interligada a Jesus.

Confirmação
"E vos revestistes do homem novo,
o qual vai sendo sempre renovado
à imagem do seu criador,
a fim de alcançar um conhecimento
cada vez mais perfeito" (Cl 3,10).

Reflexão

Muitas vezes, quando precisam de ajuda,
as pessoas não esperam somente frases feitas,
mas sim ser compreendidas.
Para Tagore, "Ouvir é amar".
Por isso, para entender os semelhantes,
tente compreender
não apenas o que lhe dizem,
mas o que não conseguem dizer.
O silêncio é um dos maiores mistérios
do amor, por isso é preciso respeitá-lo.

Meditação

Acolha em seu íntimo o silêncio dos irmãos.

Confirmação

"Meus irmãos, que adianta alguém dizer
que tem fé, quando não a põe em prática?
A fé seria capaz de salvá-lo?
Imaginai que um irmão ou uma irmã
não têm o que vestir e que lhes falta
a comida de cada dia;
se então algum de vós disser a eles:
'Ide em paz, aquecei-vos' e 'Comei à vontade',
sem lhes dar o necessário para o corpo,
que adianta isso? Assim também a fé:
se não se traduz em ações,
por si só está morta"
(Tg 2,14-17).

23 de Maio

24 de Maio

Reflexão

Sinta-se realizado com seu trabalho.
Se desempenhá-lo com prazer,
vai descobrir quantas alegrias
e realizações pessoais
suas atividades lhe trarão.
Considere seu trabalho
um dom de Deus,
pois nada é insignificante demais
quando feito com amor.

Meditação

O trabalho dignifica a vida.

Confirmação

"Nada é melhor para alguém
do que comer e beber, e exibir os frutos
de seus trabalhos: e vejo que isso vem
da mão de Deus"
(Ecl 2,24).

Reflexão

Existe a solidão construtiva
e a não construtiva.
Tudo depende de como é encarada.
Se pensar que estar sozinho
vai lhe causar tristeza,
você se sentirá deprimido;
ao contrário, se aproveitar o tempo
disponível para ler um livro,
ouvir músicas, escrever ou dormir,
terá uma sensação de bem-estar.
Nesse momento, pergunte-se
de que maneira está aproveitando
os momentos dedicados a si mesmo.

Meditação

Nos momentos de solidão,
é possível chegar ao autoconhecimento
e ao enriquecimento existencial.

Confirmação

"Tudo tem seu tempo.
Há um momento oportuno para cada coisa
debaixo do céu"
(Ecl 3,1).

26 de Maio

Reflexão

Agradeça a Deus a oportunidade
de levantar-se após uma noite
de descanso. Seja grato por mais um dia de vida,
pelo ar puro que entra pela janela,
pelo sol ou pela chuva.
Lembre-se de que o bom humor
é contagiante, por isso espalhe-o!
Não viva de emoções vazias.
Cultive sua vida espiritual. Seja transparente.
Deixe que os outros saibam
que são estimados e necessários em sua vida.
Repense seus valores e dê a si mesmo
a chance de crescer e ser feliz.
Tudo o que fizer neste dia,
faça-o da melhor maneira, com muito amor.

Meditação

Pense, trabalhe
e espere pelo melhor!

Confirmação

"Caríssimos, amemo-nos uns aos outros,
porque o amor vem de Deus,
e todo aquele que ama nasceu de Deus
e conhece Deus. Quem não ama
não chegou a conhecer Deus,
pois Deus é amor"
(1Jo 4,7-8).

Reflexão

"Se os outros conseguem e são felizes,
eu também posso."
Talvez você tenha pensado nessa frase
em diversas ocasiões.
Mas o que se entende por felicidade?
Se quer ser feliz, viva intensamente
os bons momentos da vida.
Viver é criar e inventar a própria vida.
Existem dois fatores capazes de mudar
sua trajetória: a força da oração
e o pensamento positivo.
Por isso, confie em Deus,
coloque-o em primeiro lugar
e deixe-se guiar por ele.

Meditação

De acordo com um ditado popular,
"cada um dorme na cama que arruma,
tanto aqui como na eternidade".

Confirmação

"Cuidai das coisas do alto,
não do que é da terra. Quando Cristo,
vossa vida, se manifestar,
então vós também sereis manifestados
com ele, cheios de glória"
(Cl 3,2.4).

27 de Maio

28 de Maio

Reflexão

Sonhos, problemas, alegrias...
Existem muitas pessoas
que precisam de um ombro amigo
para dividir os problemas;
no entanto, algumas vezes,
as frases prontas são insuficientes
para aliviar a dor dos semelhantes.
Por esse motivo,
sempre que for solicitado,
esteja à disposição
para ouvir os problemas alheios,
proferindo palavras consoladoras
no momento certo.

Meditação

Se um amigo procurá-lo
para dividir seus problemas,
saiba ouvi-lo com sincera atenção.

Confirmação

"Tudo o que aí está,
minhas mãos é que fizeram;
tudo o que existe é meu – oráculo do Senhor.
Aquele por quem eu olho são:
o pobre, o de espírito abatido,
o que treme diante de minha palavra"
(Is 66,2).

Reflexão

Se perdeu o emprego,
ficou decepcionado com alguém,
foi desprezado, humilhado e rejeitado,
passa por problemas financeiros,
lembre-se de que a vida
sempre oferece novas oportunidades.
Mas você precisa fazer sua parte,
pois nada cai do céu.
Por isso, olhe para o horizonte,
com muita fé e esperança.
Cultive em seu interior a força capaz
de enfrentar qualquer adversidade.

Meditação

Não permita que tristezas,
frustrações e obstáculos
coloquem fim a seus sonhos,
ideais e objetivos.

Confirmação

"O anjo respondeu:
'O Espírito Santo descerá sobre ti,
e o poder do Altíssimo te cobrirá
com a sua sombra'"
(Lc 1,35a-b).

30 de Maio

Reflexão

Faça de cada dia uma nova descoberta.
O propósito de atingir um objetivo
vai muito além do sonho,
do projeto, do plano
e dá um sentido real à existência.
Lembre-se de que
o ser humano não foi criado
para viver no esconderijo
de suas limitações e medos.
Por isso, busque com firmeza e intensidade
a realização de suas metas.

Meditação

Enquanto existir amor nos corações,
tenha a certeza de que nada
está perdido.

Confirmação

"Quem não ama não chegou
a conhecer Deus,
pois Deus é amor"
(1Jo 4,8).

Reflexão

Retire de sua mente
preconceitos, medos,
inseguranças, angústias, rancores,
enfim, todo sentimento negativo.
Saiba que Deus envia seu Espírito Santo
para renovar, transformar e curar
todas as áreas de sua vida.
Que ele limpe e renove sua memória
e purifique seus sentimentos,
libertando-o de todas as amarras.
Com isso, você será curado,
restaurado e regenerado
pelo Espírito Santo de Deus.

Meditação

Todos os dias,
peça que Deus renove, cure, liberte
e modifique seus pensamentos.

Confirmação

"Por outro lado, precisais renovar-vos,
pela transformação espiritual
de vossa mente, e vestir-vos do homem novo,
criado à imagem de Deus,
na verdadeira justiça e santidade"
(Ef 4,23-24).

1º de Junho

Reflexão

Quando trabalham pelo Reino de Deus,
geralmente as pessoas são alvo
de inveja, ciúmes e críticas.
Se isso lhe ocorrer,
lembre-se de que Deus
está sempre a seu lado e conhece
o mais íntimo do coração.
Fique calmo e confie na misericórdia divina.
Alimente-se da Palavra de Deus
e pense de modo positivo.
Não se esqueça de que possui
dons e talentos para serem colocados
a serviço do Reino de Deus.
O Senhor espera isso de você!
Siga em frente com coragem e perseverança!

Meditação

Deus está sempre a seu lado.
Entregue-se a ele e confie!

Confirmação

"Anunciarei o teu nome aos meus irmãos,
vou te louvar no meio da assembleia"
(Sl 22[21],23).

Reflexão

Saiba que, embora o permita,
Deus não quer
o sofrimento de seus filhos.
Nos Evangelhos,
percebe-se com clareza
a preocupação de Jesus
com os sofredores.
Quando presenciava a fome, a miséria,
as doenças, a aflição e o padecimento
do povo, ficava comovido
e repleto de compaixão.
Em seus ensinamentos,
ele explicou que o sofrimento
pode ser enfrentado e superado.
Essa atitude de Jesus
pode ser aplicada à sua vida.
Jamais esmoreça diante das dificuldades.

Meditação

Nos momentos mais difíceis,
Deus carrega seus filhos no colo.

Confirmação

"Eu penso que os sofrimentos
do tempo presente não têm proporção
com a glória que há de ser revelada em nós"
(Rm 8,18).

2 de Junho

3 de Junho

Reflexão
Deus é o autor da vida,
não da morte.
Ele é o Senhor da vida,
da renovação e da esperança.
No entanto, existem pessoas
que abreviam sua existência
assumindo comportamentos autodestrutivos
(como, por exemplo,
consumindo drogas, bebidas, cigarros).
Embora saibam que
tudo lhes é extremamente prejudicial,
não conseguem lutar
contra a cruel realidade.
Se não puder ajudá-las diretamente,
reze para que Deus
as tire desse caminho.

Meditação
Em tudo o que fizer,
é preciso ter moderação.

Confirmação
"Não há riqueza maior
que a saúde do corpo,
nem contentamento maior
que a alegria do coração"
(Eclo 30,16).

Reflexão

Saiba viver da melhor maneira,
buscando atualizar-se constantemente.
Se você parar de aprender,
buscar, descobrir e progredir,
dará início a um doloroso
processo de estagnação.
Por isso, aproveite as oportunidades
para adquirir conhecimentos
e aprimorar sua inteligência,
desenvolvendo ao máximo
seu potencial humano.

Meditação

A vida é um eterno aprendizado.

Confirmação

"Revelará a ele os seus segredos
e lhe confiará o tesouro
do conhecimento e a compreensão da justiça"
(Eclo 4,21).

4 de Junho

Reflexão

Somente Deus pode curar.
Tudo pode ser restaurado
e regenerado pelo Espírito Santo.
Mesmo que, muitas vezes,
seus problemas, traumas, carências
e feridas emocionais pareçam
não ter solução,
lembre-se da infinitude
do amor de Deus por você.
Peça diariamente que ele
envie o Espírito Santo sobre você,
e maravilhas ocorrerão
em seu interior e em sua vida.

Meditação

Pela força do Espírito Santo,
Deus cura, liberta e dá vida nova
a todas as pessoas.

Confirmação

"E a esperança não decepciona,
porque o amor de Deus foi derramado
em nossos corações pelo Espírito Santo
que nos foi dado"
(Rm 5,5).

Reflexão

Dependendo do modo
como são realizadas,
as atividades diárias
podem se tornar um peso
ou um ato de muito amor.
Por isso,
dedique-se plenamente
a seu trabalho,
e verá com satisfação
o resultado de seus esforços.

Meditação

"O trabalho é amor feito presente"
(K. Gibran).

Confirmação

"O agricultor,
que enfrenta o trabalho duro,
deve ser o primeiro
a participar dos frutos"
(2Tm 2,6).

7 de Junho

Reflexão

Em alguns momentos, é necessário
que sua paciência
seja redobrada, para que o nervosismo
não tome conta de você.
Nesses instantes, é importante
não perder a calma.
Para isso, tente manter pensamentos positivos,
evite o acúmulo de atividades profissionais
e pratique exercícios de meditação.
Principalmente, mude a maneira
de encarar a vida.
Se agir desse modo, você se tornará novamente
dono de seus atos.

Meditação

Esteja sempre atento para que seus atos sejam
condizentes com suas palavras.

Confirmação

"Alegre-se meu coração
na tua salvação e cante ao Senhor,
pelo bem que me fez"
(Sl 13[12],6b).

Reflexão

Você já reparou
que existem pessoas
que falam muito em doenças,
dores, tragédias e morte?
Evite abordar esses assuntos,
para não atrair energias negativas.
Em vez disso, cultive a saúde,
a alegria, uma vida mais saudável.
Confie sempre no Senhor,
que está com você
em todas as circunstâncias da vida.
Diariamente, ouça com amor
a Palavra de Deus.

Meditação

A despeito de qualquer circunstância
que lhe ocorrer, considere somente
o lado bom da vida.

Confirmação

"Por outro lado, precisais renovar-vos,
pela transformação espiritual
de vossa mente, e vestir-vos
do homem novo, criado à imagem
de Deus, na verdadeira justiça
e santidade"
(Ef 4,23-24).

8 de Junho

Reflexão

Em cada um de nós
deve haver a certeza
de que Deus ama seus filhos,
e tão profundamente,
como ninguém jamais amou até hoje.
Porém, como o pai corrige seus filhos,
ele permite que sejam provados,
para que a lição seja assimilada.
Deus apresentou seu plano de salvação,
que tem como objetivo principal
conhecer e vivenciar
sua Palavra no dia a dia.
Por isso, mesmo com suas limitações,
cabe a cada pessoa cumprir
os desígnios de Deus para sua vida.

Meditação

Deus nutre um amor infinito
pela humanidade.

Confirmação

E Jesus disse-lhes:
"Ide pelo mundo inteiro e anunciai
a Boa-Nova a toda criatura!"
(Mc 16,15).

Reflexão

Procure agir com naturalidade,
analisando minuciosamente
cada ação praticada.
Ponha a razão e a lógica
na frente de seus impulsos inconsequentes,
que, muitas vezes,
causam aborrecimentos e decepções.
Lembre-se de que
a maneira de comportar-se
vai determinar como será seu futuro.
Reflita quantas vezes refez
sua vida por causa de erros passados;
por isso, seja o mais sensato possível.
Peça que Deus lhe conceda o discernimento
entre o que é certo e errado.

Meditação

As experiências adquiridas
com os erros cometidos
são as maiores aliadas das pessoas,
para que suas atitudes sejam sensatas.

Confirmação

"Jesus respondeu:
'Acaso não estais errado,
por que não compreendeis as Escrituras,
nem o poder de Deus?'"
(Mc 12,24).

11 de Junho

Reflexão
Saiba que o fato de investir
no ter mais que no ser
é uma tendência natural do ser humano.
Possuir bens materiais
é a meta principal de todos,
objetivando a segurança no futuro.
Muitas vezes, as pessoas prendem-se
tanto à aparência externa,
que até conseguem ocultar
suas limitações.
Lembre-se de que
o mais importante
é viver o essencial.

Meditação
Mais que ter, é preciso ser.

Confirmação
"Mandaram os seus discípulos,
junto com alguns partidários
de Herodes, para perguntar:
'Mestre, sabemos que és verdadeiro
e que ensinas o caminho de Deus
segundo a verdade. Não te deixas
influenciar por ninguém, pois não olhas
a aparência das pessoas'"
(Mt 22,16).

Reflexão

Em qualquer relacionamento,
é importante saber a maneira correta
de se comunicar.
Para que haja um perfeito entendimento,
é fundamental que as pessoas
se entendam e cultivem uma boa amizade.
Esse sentimento
propicia o crescimento pessoal
e oferece segurança nos momentos difíceis.
O verdadeiro amigo acolhe
a palavra não proferida
e a dor escondida.

Meditação

Podemos ter muitos amigos,
mas um só confidente.

Confirmação

"Ninguém tem maior amor
do que aquele que dá a vida
por seus amigos"
(Jo 15,13).

12 de Junho

13 de Junho

Reflexão

Na parábola do bom pastor,
Jesus exemplifica sua missão:
após descer do céu, ele se encarnou
no seio da Virgem Maria.
Embora fosse Deus,
assumiu a condição humana
para salvar a todos,
para tirar-nos das trevas, dando-nos a luz.
Quando afirma:
"Eu vim para que todos tenham vida,
e a tenham em abundância" (Jo 10,10),
ele deixa claro que veio
procurar as ovelhas perdidas.
Com toda confiança,
simplicidade e humildade,
entregue-se aos cuidados do bom pastor.

Meditação

Deus não concorda
com o pecado, mas ama o pecador.
Cuida dele com ternura
e o perdoa com amor.

Confirmação

"Encontrei a minha ovelha
que estava perdida"
(Lc 15,6b).

Reflexão

Quando agradece, você demonstra
seu valor a quem o favoreceu.
Também existem outras formas de demonstrar
gratidão, como, por exemplo, fazer uma ação
concreta, para ajudar alguém necessitado.
Para realçar esse fato, está a parábola dos leprosos.
Embora tenham sido dez os curados por Jesus,
somente um se lembrou de voltar e demonstrar
seu reconhecimento.
Na Carta de São Paulo aos Efésios,
ele se sentiu profundamente tocado por Deus;
de seu coração, brotou este belo hino
de ação de graças:
"Bendito seja o Deus e Pai
de nosso Senhor Jesus Cristo,
que nos abençoou com toda bênção
espiritual nos céus,
em Cristo" (Ef 1,3).

Meditação

Neste dia, entoe o belo cântico
de ação de graças de Paulo aos Efésios
(Ef 1,1-14).

Confirmação

"Prostrou-se aos pés de Jesus
e lhe agradeceu. E este era um samaritano"
(Lc 17,16).

14 de Junho

15 de Junho

Reflexão
Segurança e amor
são valores muito importantes,
que precisam ser transmitidos
às futuras gerações.
Na família, as pessoas
adquirem a base para seu futuro;
Quando existe uma sólida formação,
todos são capazes de reavaliar
seu modo de ser e proceder
diante de fatos inesperados
do cotidiano.

Meditação
Os pais têm um papel fundamental
na formação dos filhos.

Confirmação
"Os netos são a coroa dos anciãos,
como os pais são a glória dos filhos"
(Pr 17,6).

Reflexão

Em geral, um dos fatores
que mais abalam as pessoas
é a dificuldade financeira.
Quando a falta de dinheiro
se prolonga por muito tempo,
elas podem sofrer de insônia
e até mesmo de depressão.
Nesses momentos,
Deus dedica-lhes
uma atenção especial;
no entanto, é preciso
que cada um faça sua parte.

Meditação

Confie em Deus,
mas não deixe de fazer sua parte.

Confirmação

"O meu Deus proverá magnificamente,
segundo a sua riqueza, no Cristo Jesus,
a todas as vossas necessidades"
(Fl 4,19).

17 de Junho

Reflexão

A verdade está acima de tudo.
Quem não é sincero
nas pequenas coisas
também não será nas grandes.
Por isso, seja verdadeiro
em suas palavras e atitudes,
para ser respeitado.
Tenha a verdade como
o lema principal de sua vida.
Em tudo o que fizer,
aonde for e com quem conviver,
seja sempre sincero e autêntico.
Jamais se arrependerá disso.

Meditação

Viver na verdade é uma virtude.
Você só vai encontrá-la realmente
quando a buscar em si mesmo.

Confirmação

"Portanto, tendo vós todos rompido
com a mentira, que cada um diga a verdade
ao seu próximo, pois somos membros
uns dos outros"
(Ef 4,25).

Reflexão

Todos trazem em seu íntimo
o desejo da felicidade,
incutido no coração pelo próprio Deus;
com isso, ele quer ver
suas criaturas felizes e realizadas.
Para que isso ocorra, faz-se necessário
abrir as portas a Jesus.
Ao retomar as palavras de João Paulo II,
Bento XVI expressou-se deste modo:
"Não tenhais medo! Abri, ou melhor,
escancarai as portas a Cristo".
E continua: "Hoje eu as repito
com grande força e convicção,
partindo da experiência
de uma vida longa pessoal:
não tenhais medo! Ele não tira nada
e dá tudo. Quem se dá a ele recebe o cêntuplo.
Sim, abri, escancarai as portas a Cristo
e encontrareis a verdadeira vida".

Meditação

Ao abrir-se para Deus, você encontrará
a verdadeira felicidade.

Confirmação

"Alegrai-vos sempre no Senhor!
Repito, alegrai-vos!"
(Fl 4,4).

19 de Junho

Reflexão

Você está doente?
Enfrenta dificuldades financeiras?
Passa por problemas familiares?
Tem problemas de relacionamentos?
Está triste? Desanimado?
Está tudo bem? Está feliz, alegre?
Nesses momentos, o melhor a fazer é rezar.
Faça de sua vida uma oração.
Os seres humanos foram criados
por Deus e para Deus; por isso,
consciente ou inconscientemente,
todos têm um grande desejo dele.
Somente nele é encontrada
a verdadeira felicidade.
Por isso, existe a necessidade
de estar em comunhão com ele,
para uma comunicação
mais profunda.

Meditação

Tudo pode ser transformado
pela força da oração.

Confirmação

"Tudo o que, na oração, pedirdes com fé,
vós o recebereis"
(Mt 21,22).

Reflexão

A cada dia, a natureza se renova.
Isso ocorre em vários aspectos:
cores, formas, flores, frutos,
enfim, tudo se renova totalmente.
Você também pode renovar
seus pensamentos,
sentimentos e atitudes.
Para isso, todos os dias,
peça que o Espírito Santo
venha e restaure, cure e liberte
todas as áreas de sua vida.
Fale a Jesus
sobre seus desejos e necessidades
mais íntimos, para que ele
seja o centro de sua existência.

Meditação

Renove-se a cada dia.
Entregue-se a Jesus.

Confirmação

"Da mesma forma, o Espírito vem
em socorro de nossa fraqueza.
Pois não sabemos o que pedir nem como pedir;
é o próprio Espírito que intercede
em nosso favor, com gemidos inefáveis"
(Rm 8,26).

20 de Junho

21 de Junho

Reflexão

Em cada pessoa,
existe um grande dualismo:
poder e fragilidade.
Somos tanto capazes de dar um grande salto
como cair de mau jeito.
Assim se revezam
os sucessos e insucessos.
Você pode realizar maravilhas autênticas
e também ser vítima de sua fragilidade.
Deus não deprecia ninguém
por causa das limitações.
Ele confia a cada um a missão
de ser cooperador em sua obra
e apenas quer que tenhamos fé.

Meditação

É da vontade de Deus dar
coisas boas a todos.

Confirmação

"Ora, se vós, que sois maus,
sabeis dar coisas boas aos vossos filhos,
quanto mais vosso Pai que está nos céus
dará coisas boas aos que lhe pedirem!"
(Mt 7,11).

Reflexão

Trabalhar os sentimentos de raiva,
ciúme, ansiedade e mágoa
é essencial para o exercício do autocontrole.
Na maioria das vezes,
quando é hostilizado,
o ser humano costuma
enfrentar seu ofensor.
Por isso, jamais se exalte
nem espere que o comportamento
dos demais mude. Comece por você mesmo.
Sobre isso, Santo Agostinho
apresenta a seguinte frase:
"Ama o pecador, mas odeia o pecado".
Que tal pensar nisso hoje?

Meditação

O importante é perceber
que tanto você como os demais
têm defeitos e fraquezas.

Confirmação

"Feliz aquele que suporta a provação,
porque, uma vez provado,
receberá a coroa da vida, que o Senhor
prometeu aos que o amam"
(Tg 1,12).

23 de Junho

Reflexão

Talvez você se questione
por que algumas pessoas
nascem com necessidades especiais
ou, ao longo da vida, se tornam deficientes.
É difícil aceitar esse sofrimento.
Entretanto, Jesus, o Mestre da vida,
ensina que o sofrimento deve ser trabalhado
e superado no âmago da alma e do espírito.
Essa superação produz
sentimentos pessoais tão enriquecedores,
que os limites se tornam "glória para Deus".
De fato, quem supera
as próprias limitações físicas
e emocionais reflete a presença de Deus
e evidencia uma grande sabedoria de vida.

Meditação

Deus mostra a todos que é possível ter deficiências
e dificuldades e, mesmo assim, viver a vida
em todo seu potencial.

Confirmação

"Os seus discípulos lhe perguntaram:
'Rabi, quem pecou para que ele nascesse cego,
ele ou seus pais?'. Jesus respondeu:
'Nem ele, nem seus pais pecaram,
mas é uma ocasião para que se manifestem
nele as obras de Deus'"
(Jo 9,2-3).

Reflexão

Aproveite os bons momentos da vida
junto com familiares e amigos;
isso vai tornar sua vida mais prazerosa.
Após um estressante dia de trabalho,
é preciso relaxar, descontrair.
É importante
aproveitar cada momento de lazer.
No perfeito equilíbrio,
está a fonte do bem-estar pessoal.

Meditação

O lazer e o descanso devem
fazer parte da vida de todos.

Confirmação

"Ensina-me o bom senso e a sabedoria,
pois tenho confiança nos teus mandamentos"
(Sl 119[118],66).

25 de Junho

Reflexão

Muitas vezes, quando erra,
talvez você não admita
como é frágil e vulnerável.
Nesses momentos, peça a Deus que
lhe conceda força e sabedoria,
para agir da melhor maneira.
Embora nem sempre isso seja fácil,
com fé e determinação tudo é possível.
Deixe que o Senhor o purifique,
santifique e restaure.
Coloque-se com total confiança
nas mãos dele e fique tranquilo.

Meditação

É admirável o modo
como Deus restaura, cura,
purifica e santifica as pessoas.

Confirmação

"E naquele dia direis:
'Louvai o Senhor, aclamai o seu nome!
Divulgai entre os povos as proezas
que ele faz! Comemorai,
sublime é o seu nome!'"
(Is 12,4).

Reflexão
Sem dúvida,
o princípio da sabedoria
é o temor de Deus.
Entre todas as riquezas,
esse é o dom mais precioso.
A melhor maneira de encontrá-lo
é meditar sobre a Palavra de Deus.
Siga por esse caminho,
e será contemplado
com essa dádiva.

Meditação
O verdadeiro sábio
é aquele que aprende
com os próprios erros.

Confirmação
"Pois, desprezando a Sabedoria,
não só caíram, ignorando o bem,
mas deixaram para a humanidade
uma lembrança de sua loucura,
de tal modo que seus pecados
não puderam ficar escondidos"
(Sb 10,8).

27 de Junho

Reflexão

Como é sua fé em Deus?
A despeito de qualquer situação,
só ele tem o poder sobre sua vida,
em todas as circunstâncias.
Por isso, pense firmemente
que você é mais forte
que os problemas e dificuldades.
Que você tenha força interior e fé,
capaz de mover a mão de Deus,
pois tudo pode ser mudado
pela força da oração.

Meditação

As maiores mudanças
ocorrem no coração.

Confirmação

"Ninguém pode servir a dois senhores:
ou vai odiar o primeiro e amar o outro,
ou aderir ao primeiro e desprezar o outro.
Não podeis servir a Deus
e ao Dinheiro!"
(Mt 6,24).

28 de Junho

Reflexão
É impossível viver sem amor.
O ser humano existe,
vive e foi criado para amar.
Se pudessem resumir em uma só frase,
as pessoas bem-sucedidas
diriam que o sentimento que as move é o amor.
O ser humano
foi criado por e com muito amor,
raiz da convivência humana.

Meditação
O verdadeiro amor
nasce de pequenos gestos
de autoaceitação e tolerância
para com os demais.

Confirmação
"Deus é amor: quem permanece no amor,
permanece em Deus e Deus permanece nele"
(1Jo 4,16).

29 de Junho

Reflexão
Quem não gosta de crianças?
Quando estendem os pequenos braços
para pedir carinho e atenção,
os adultos ficam fascinados.
Elas merecem respeito, amor,
paciência e dedicação.
Por isso, é dever de todos
cuidar dos pequenos,
pois sua pureza e inocência
é o que existe de mais belo
na face da terra.

Meditação
Cuide com muito carinho
das crianças carentes e necessitadas.

Confirmação
"E quem acolher em meu nome
uma criança como esta estará acolhendo
a mim mesmo"
(Mt 18,5).

Reflexão

No dia a dia, dedique sempre
alguns minutos para sorrir.
O sorriso contagia
e cativa as pessoas.
Reserve um tempo para ler,
pensar, trabalhar, divertir-se,
sonhar, amar e rezar.
Ao fazer isso, você se sentirá
mais feliz e realizado.
Dedique alguns instantes para
interiorizar-se, sentir e apreciar
a natureza e tudo o que Deus criou.

Meditação

Você nasceu para ser feliz!

Confirmação

"Porque é o Senhor
quem dá a Sabedoria, e de sua boca
procedem conhecimento e prudência"
(Pr 2,6).

1º de Julho

Reflexão

Errar é humano; no entanto,
reconhecer a própria fragilidade
é um dom de Deus.
Só não erra quem não faz nada
nem se envolve com novos projetos.
Por isso, tenha coragem de tentar,
mesmo que, algumas vezes,
isso lhe custe caro.
Siga em frente, enfrentando
novos desafios e situações,
que serão boas oportunidades
de crescimento.

Meditação

Se errar, você precisa ter
a humildade de reconhecer sua falta
perante Deus e as pessoas.

Confirmação

"Antes de ser humilhado,
saí do bom caminho,
mas agora guardo tua promessa"
(Sl 119[118],67).

Reflexão

Que na paz de Deus
você possa encontrar seu caminho,
a ser trilhado com fé,
para que, cada vez mais,
acredite nesse Deus maravilhoso!
Que você possa seguir em frente,
sem desanimar, sempre em busca
de novos horizontes.
A cada novo dia, tenha fé,
acredite no amor e sinta a proteção
de Deus em sua vida!

Meditação

Seja perseverante! Não desanime
nem desista dos sonhos.

Confirmação

"Não cometem iniquidade,
andam por seus caminhos.
Promulgaste teus preceitos
para serem observados fielmente"
(Sl 119[118],3-4).

3 de Julho

Reflexão
Em tudo o que fizer,
saiba que a motivação
é muito importante para o sucesso
dos empreendimentos.
Quando está motivado,
você pode superar as dificuldades
e realizar seus desejos.
Jamais deixe que o desânimo
limite sua capacidade de lutar.

Meditação
A força de vontade unida à motivação
é a válvula propulsora
em qualquer empreendimento.

Confirmação
"Não abandones a sabedoria
e ela te guardará; ama-a,
e ela te protegerá"
(Pr 4,6).

Reflexão

Por mais inteligente,
sábio e importante que seja,
ninguém é tão livre
para fazer o que bem entender,
sem se importar com os semelhantes.
Cada pessoa tem uma missão a cumprir.
Ao término da jornada,
todos serão chamados para a casa do Pai.
De certo modo, estão definitivamente comprometidos
com a vida eterna.

Meditação

A vida terrena é um tempo de salvação.

Confirmação

"Os não judeus se alegraram,
quando ouviram isso,
e glorificavam a Palavra do Senhor.
Todos os que eram destinados à vida eterna
abraçaram a fé"
(At 13,48).

Reflexão

Em seus ensinamentos,
Jesus disse que todos devem se amar
e "amar ao próximo como
a eles mesmos" (cf. Mt 22,39).
Com essas palavras,
ele transmitiu o princípio fundamental:
antes de amar alguém,
é importante amar a si mesmo.
Se houver dúvidas sobre esse aspecto,
significa falta de valorização pessoal.
É preciso trabalhar a autoaceitação;
somente assim será possível investir
em algo construtivo.

Meditação

Para ficar bem com os demais,
é preciso se sentir satisfeito
com você mesmo.

Confirmação

"Eu vos dou um novo mandamento:
amai-vos uns aos outros. Como eu vos amei,
assim também vós deveis amar-vos
uns aos outros"
(Jo 13,34).

Reflexão

Quando pediu que os discípulos
rezassem com perseverança,
Jesus queria dizer
que orassem sem desanimar.
Isso pode ser aplicado à sua vida.
Se deseja que suas orações
sejam atendidas, jamais hesite.
A confiança e a fé apontadas por Jesus
deveriam mover montanhas
(cf. Mc 11,23).

Meditação

Entregue com muita confiança
seus desejos ao Senhor da vida.

Confirmação

"O Senhor ouviu a minha súplica,
o Senhor acolheu minha oração"
(Sl 6,10).

7 de Julho

Reflexão

A alegria é fruto
de uma vida de oração,
comunhão com Deus, treinamento
e conquista pessoal.
No entanto, é uma virtude
que precisa ser conquistada, exercitada,
aprendida, até que se firme
como uma parte de sua personalidade.
Se semear somente
ideias positivas, vai colher
os frutos da sabedoria e da alegria.
Isso é semelhante ao que ocorre com
as crianças, receptivas a ver o mundo
como um presente magnífico dado por Deus.

Meditação

É preciso ter no coração
uma alegria semelhante à das crianças:
pura e verdadeira.

Confirmação

"Em verdade vos digo, se não vos converterdes
e não vos tornardes como crianças,
não entrareis no Reino dos Céus"
(Mt 18,3).

Reflexão

Nada pode ser comparado a um amigo fiel.
Nem ouro nem prata excedem seu valor.
Talvez você se pergunte:
"A quem posso chamar de amigo?".
Se isso lhe ocorrer,
lembre-se de que Jesus,
um homem tão conhecido,
também tinha poucos amigos.
Embora tivesse doze apóstolos,
quando precisou fazer
importantes revelações,
chamou somente Pedro, Tiago e João
(o discípulo amado).
Lembre-se de que a verdadeira amizade
nasce do coração de Deus.

Meditação

Amigos sinceros são verdadeiros tesouros
para serem guardados no coração!

Confirmação

"Amigo fiel é poderosa proteção:
quem o encontrou, encontrou um tesouro"
(Eclo 6,14).

9 de Julho

Reflexão
Hoje, você é convidado
a analisar como aproveita seu tempo.
Procure fazer de cada instante uma oportunidade
para planejar um futuro de segurança,
paz e harmonia.
Aproveite os momentos de lazer
para repor as energias e renovar as forças;
trabalhe, leia, estude
e assuma responsabilidades.
Nunca é tarde demais para recomeçar.
Sobre isso, é muito pertinente
esta frase de João Paulo II:
"Olhar o passado com gratidão,
viver o presente com paixão
e ver o futuro com esperança".

Meditação
Cada instante é o momento ideal
para rever as atitudes
e recomeçar!

Confirmação
"Os olhos de todos em ti esperam
e tu lhes forneces o alimento na hora certa"
(Sl 145[144],15).

Reflexão

"A esperança é a última que morre."
Ter esperança significa
lutar com perseverança,
esforço e coragem.
Acredite na própria capacidade,
dedique-se com afinco
às suas atividades
e confie em Deus.
Esforce-se e lute
por tudo o que deseja alcançar.

Meditação

Faça a sua parte
e coloque-se nas mãos de Deus.

Confirmação

"Feliz o homem que põe no Senhor
sua esperança"
(Sl 40[39],5a).

11 de Julho

Reflexão

Existem momentos na vida
em que tudo parece desabar.
Nesses instantes,
você pode adotar certas atitudes,
como, por exemplo,
perdoar a si mesmo e a todos
os que o magoaram;
estender a mão a quem precisa;
ir ao cinema, ler um bom livro
ou ir à igreja.
Lembre-se de suas qualidades
e capacidades, pense no que já conseguiu.
Seja generoso
com você mesmo e com os demais.
Não esqueça de voltar-se para Deus

Meditação

Seja bondoso com você mesmo.
Só assim você pode amar os demais.

Confirmação

"Eu penso que os sofrimentos
do tempo presente não têm proporção
com a glória que há
de ser revelada em nós"
(Rm 8,18).

Reflexão

Todo mundo já sofreu
alguma desilusão amorosa.
De repente, alguém surgiu,
preenchendo sua existência de luz.
Foi um encontro marcante,
que abriu seus olhos
para o amor, a beleza, a paixão.
Naquele momento,
aquela pessoa especial
se tornou indispensável à sua vida.
No entanto, subitamente,
esse encantamento se rompeu.
Agora, é preciso recomeçar
com muita coragem.
Para não esmorecer, converse com
amigos e familiares
e, principalmente, entregue-se à oração.

Meditação

Abra-se para a vida e para Deus.

Confirmação

"A alegria do coração é a vida da pessoa,
tesouro inexaurível de santidade,
a alegria da pessoa prolonga-lhe a vida"
(Eclo 30,23).

13 de Julho

Reflexão

Rezar com fé significa
entregar sua vida a Deus.
No Evangelho, fé não significa tanto
o ato psicológico de confiar
que os pedidos serão atendidos.
Antes de tudo, significa acreditar na pessoa de Cristo.
Fiéis são as pessoas que seguem Jesus, até fazer
coincidir os próprios desejos e pedidos com aquilo
que ele quer. Isso certamente requer
uma grande força de vontade,
porque, muitas vezes, os caminhos escolhidos
não são os mesmos dele.
Rezar com fé significa pedir por meio de Jesus Cristo,
sintonizado com aquilo que ele pede ao Pai.

Meditação

Sozinho, você nada pode.
Com Deus, tudo é possível.

Confirmação

"A fé é a certeza
daquilo que ainda se espera,
a demonstração de realidades
que não se veem"
(Hb 11,1).

Reflexão

Às vezes, no dia a dia,
é difícil manter a calma,
pois nem sempre os semelhantes
estão receptivos e bem-dispostos.
Nesses momentos,
é importante pedir que Deus
lhe conceda o dom da paciência.
Procure compreender
as pessoas,
tratando-as com
calma e serenidade.

Meditação

Na paciência e na calma,
tenha uma boa comunicação fraterna.

Confirmação

"Irmãos, tende paciência
até a vinda do Senhor.
Olhai o agricultor:
ele espera com paciência
o precioso fruto da terra,
até cair a chuva do outono ou da primavera.
Também vós, exercei paciência
e firmai vossos corações,
porque a vinda do Senhor está próxima"
(Tg 5,7-8).

15 de Julho

Reflexão
Quando fala do sofrimento e da força
que a Palavra de Deus exerceu em sua vida,
São Paulo escreve ao amigo Timóteo:
"Lembra-te de que Jesus Cristo,
descendente de Davi,
ressuscitou dentre os mortos,
segundo o meu Evangelho. Por ele,
eu tenho sofrido até ser acorrentado como um
malfeitor. Mas a Palavra de Deus não está
acorrentada. Portanto, é por isto que tudo suporto,
por causa dos eleitos, para que eles também
alcancem a salvação que está
no Cristo Jesus com a glória eterna" (2Tm 2,8-10).

Meditação
Deposite sua confiança no Deus
da vida e da ressurreição.

Confirmação
"Se já morremos com ele,
também com ele viveremos;
se resistimos com ele,
também com ele reinaremos;
se o negamos, ele também nos negará;
se lhe somos infiéis, ele, no entanto, permanece fiel,
pois não pode negar-se a si mesmo"
(2Tm 2,11b-13).

Reflexão

Deus é misericordioso
para com todos:
pobres ou ricos, sadios ou doentes,
oprimidos ou opressores, justos ou injustos,
soberanos ou humildes.
O remédio para a cura dos males
está em Deus, esperança, verdade e vida.
Muitas vezes, as pessoas são beneficiadas
ao se comunicar com os demais
por meio de um pequeno gesto,
um abraço, uma palavra de gratidão,
um sorriso, um carinho, uma palavra de apoio.
As pessoas estão carentes e doentes
por falta de calor humano
na convivência e nos relacionamentos.

Meditação

Se cada um de nós fizer sua parte,
o mundo será mais repleto de amor
e calor humano.

Confirmação

"Nisto sabemos o que é o amor:
Jesus deu a vida por nós. Portanto,
também nós devemos
dar a vida pelos irmãos"
(1Jo 3,16).

Reflexão

O ser humano é dotado
de força de vontade e inteligência,
qualidades muitos importantes porque lhe dá a
capacidade de discernimento.
Para vencer os desafios da vida,
é preciso estar sempre atento às novidades.
De acordo com o bem-aventurado
padre Tiago Alberione, fundador da Família Paulina:
"Vocês devem usar os meios mais eficazes
e rápidos para fazer o bem".
Sinta a emoção de tentar, acertar, e até mesmo de errar,
fazendo algo novo e diferente.

Meditação

A força de vontade é muito importante
para enfrentar os desafios da vida moderna.

Confirmação

"Mas, em tudo isso, somos mais que vencedores,
graças àquele que nos amou.
Tenho certeza de que nem a morte, nem a vida,
nem os anjos, nem os principados,
nem o presente, nem o futuro,
nem as potências, nem a altura,
nem a profundeza, nem outra criatura qualquer
será capaz de nos separar do amor de Deus,
que está no Cristo Jesus, nosso Senhor"
(Rm 8,37-39).

Reflexão

Deus é o socorro presente na angústia.
Por que ele permite que as pessoas
atravessem grandes tribulações?
Isso ocorre para que todos
se tornem fortalecidos na fé.
No entanto,
esteja seguro de que,
embora permita o sofrimento,
o Senhor sempre está a seu lado na dor.
Por esse motivo, abra seu coração
aos desígnios de Deus.

Meditação

Nos momentos de dor,
Deus nunca abandona seus filhos.

Confirmação

"Não tenhas medo, que eu estou contigo.
Não te assustes, que sou o teu Deus.
Eu te dou coragem, sim, eu te ajudo.
Sim, eu te seguro com minha
mão vitoriosa"
(Is 41,10).

18 de Julho

19 de Julho

Reflexão

Em algum momento da vida,
ocorre um encontro
mais profundo e pessoal
entre Deus e você.
Geralmente,
essa união se torna algo definitivo,
sem reservas nem voltas.
A partir dessa experiência,
tudo começa a mudar.
Então, com sua palavra,
Deus vai moldando o ser humano,
à semelhança de um oleiro.

Meditação

Abra seu coração para Deus.
A cada dia, permita que o Espírito Santo
molde e transforme sua vida.

Confirmação

"Depois de terdes sofrido um pouco,
o Deus de toda a graça, que vos chamou
para a sua glória eterna, no Cristo Jesus,
vos restabelecerá e vos tornará
firmes, fortes e seguros"
(1Pd 5,10).

Reflexão

O passado é a advertência;
o presente, a realidade;
o futuro, a promessa.
O que passou
não pode ser modificado.
Somente o presente
pode mudar o futuro.
Por isso, é preciso
construir um mundo novo.
Pela graça de Deus, isso é possível.

Meditação

Lute, trabalhe, estude,
visando a um futuro melhor.
Tenha sempre o pensamento
voltado para Deus.

Confirmação

"Precisais deixar a vossa antiga
maneira de viver e despojar-vos
do homem velho, que vai se corrompendo
ao sabor das paixões enganadoras.
Por outro lado, precisais renovar-vos,
pela transformação espiritual
de vossa mente, e vestir-vos
do homem novo, criado à imagem de Deus,
na verdadeira justiça e santidade"
(Ef 4,22-24).

21 de Julho

Reflexão

Não queira sempre ter razão.
Procure respeitar e ouvir
a opinião alheia, pois ninguém é
dono da verdade
para querer impô-la aos outros.
Pilatos perguntou a Jesus:
"Mas o que é a verdade?"(Jo 18,38).
Lembre-se de que
a verdade nos libertará
e fará de cada um de nós
pessoas livres.

Meditação

Defenda seu ponto de vista,
mas respeite a opinião alheia.
Lembre-se sempre de que
a única verdade está em Deus.

Confirmação

"Saberás, pois, que o Senhor teu Deus
é o único Deus, um Deus fiel, que guarda a aliança
e a misericórdia até mil gerações
para aqueles que o amam e observam
seus mandamentos"
(Dt 7,9).

Reflexão

Uma das mais belas orações de confiança
é o salmo 23(22). Nele o salmista vê Deus
como o pastor que cuida de suas ovelhas:
"O Senhor é o meu pastor, nada me falta.
Ele me faz descansar em verdes prados,
a águas tranquilas me conduz.
Restaura minhas forças, guia-me pelo
caminho certo, por amor do seu nome.
Se eu tiver de andar por vale escuro,
não temerei mal nenhum, pois comigo estás.
O teu bastão e teu cajado me dão segurança.
Diante de mim preparas uma mesa
aos olhos de meus inimigos;
unges com óleo minha cabeça,
meu cálice transborda.
Felicidade e graça vão me acompanhar
todos os dias da minha vida
e vou morar na casa do Senhor
por muitíssimos anos".

Meditação

O Senhor cuida de você,
protegendo-o de todos os perigos.

Confirmação

"Tu és meu refúgio, me preservas do perigo"
(Sl 32,7a).

23 de Julho

Reflexão
Agradeça a Deus pela vida;
pela família, pelos amigos;
pelo trabalho, pelo pão de cada dia;
por sua casa, por mais um dia de vida
e por mais uma boa noite de sono.
Seja grato pelo ar que respira,
pelo sol e pela chuva;
pela lua e pelas estrelas.
Não se esqueça de agradecer
pela comunicação entre as pessoas;
pelas libertações, graças e orações atendidas.
Lembre-se sempre de abrir
o coração em prece para dizer:
"Meu Deus, eu o agradeço por tudo!".

Meditação
Agradecer é um gesto nobre,
que pode ser cultivado a qualquer momento.

Confirmação
"Então Jesus lhe perguntou:
'Não foram dez os curados?
E os outros nove, onde estão?
Não houve quem voltasse para dar glória a Deus,
a não ser este estrangeiro?'. E disse-lhe:
'Levanta-te e vai! Tua fé te salvou'"
(Lc 17,17-19).

Reflexão

Na existência, sentimentos como
a alegria e o otimismo são importantes.
Nada pode destruir a felicidade
de uma pessoa otimista.
Se sofrer desilusões,
enfrente as tribulações com serenidade.
Construa a felicidade interior,
desenvolvendo uma vida espiritual intensa, lendo,
ouvindo e meditando a Palavra
do Senhor. Toda sabedoria vem dele.
O temor de Deus é o princípio da sabedoria,
que nos traz alegria e vida longa.

Meditação

A verdadeira alegria está em Deus.

Confirmação

"Se observardes os meus mandamentos,
permanecereis no meu amor,
assim como eu observei o que mandou
meu Pai e permaneço no seu amor.
Eu vos disse isso, para que a minha alegria
esteja em vós, e a vossa alegria seja completa"
(Jo 15,10-11).

25 de Julho

Reflexão
Não há nada que dure para sempre.
Mesmo que pareça
que os sofrimentos não têm fim,
tudo passa, tudo termina,
tudo se esquece, tudo desaparece.
Só Deus permanece.
Somente ele é o absoluto,
o que não tem princípio nem fim,
o que é imutável e eterno.
Ele nunca muda
e permanece para sempre.

Meditação
Tudo em nossa vida é passageiro.
Tudo muda! Só Deus é o mesmo ontem,
hoje e para sempre!

Confirmação
"'Eu sou o Alfa e o Ômega', diz o Senhor Deus,
'aquele que é, que era e que vem,
o Todo-Poderoso'"
(Ap 1,8).

Reflexão

O ser humano sempre
estabelece metas a serem alcançadas.
Se um grande sonho se concretiza,
é preciso aceitar suas consequências.
Os pessimistas consideram
que determinados sonhos não são para eles.
Os otimistas perguntam-se
o que é preciso aprender e fazer para realizá-los.
Quem não se dispõe a trabalhar
para a realização de seu ideal
está desistindo da luta.

Meditação

Sonhar é bom, mas buscar
a realização dos sonhos
é ainda melhor!

Confirmação

"Na mesma noite,
ambos tivemos um sonho,
cada qual com um sentido diferente"
(Gn 41,11).

27 de Julho

Reflexão

Pelo modo como reage
diante das situações,
você pode aliviar
ou agravar as dificuldades.
Quando está livre
do medo e da ansiedade,
consegue perceber as orientações
que lhe são dadas por Deus.
Nesses momentos,
sentimos sua proteção e bondade.

Meditação

Substitua o medo pela fé,
reafirmando sua confiança em Deus.

Confirmação

"Na sua aflição, clamaram ao Senhor
e ele os livrou de suas angústias.
Conduziu-os pelo caminho reto,
para chegarem a uma cidade habitada"
(Sl 107[106],6-7).

Reflexão

Ser receptivo a mudanças
é um forte indício de progresso.
Lembre-se de que a ação construtiva
só pode ser realizada
se houver a percepção
da necessidade de mudar.
Por esse motivo,
esteja sempre consciente de suas atitudes
e reações perante as circunstâncias.

Meditação

Lembre-se de que as sementes
não se tornam árvores
de um dia para o outro.
Tudo exige dedicação e paciência.

Confirmação

"Eis o Deus que me salva,
eu confio e nada temo!
O Senhor é minha força
e meu alegre canto.
O Senhor é a minha salvação.
Com alegria tirareis água
nas fontes da salvação"
(Is 12,2-3).

29 de Julho

Reflexão
"Todo aquele que se exalta
será humilhado, e quem se humilha
será exaltado" (Lc 14,11).
Com essas palavras, Jesus propõe duas atitudes
para que o ser humano chegue ao Reino de Deus:
a humildade e o amor desinteressado ao próximo.
Por isso, não se deixe enganar por padrões de
comportamentos que dão
uma falsa ideia de grandeza.

Meditação
"Quero viver num mundo
onde os seres sejam somente humanos,
sem outros títulos a não ser este.
Quero que todos possam falar,
escutar, florescer" (Pablo Neruda).

Confirmação
"Ao contrário, quando fores convidado,
vai sentar-te no último lugar.
Quando chegar então aquele que te convidou,
ele te dirá: 'Amigo, vem para um lugar melhor!'.
Será uma honra para ti,
à vista de todos os convidados.
Pois todo aquele que se exalta
será humilhado, e quem se humilha
será exaltado"
(Lc 14,10-11).

Reflexão

Saiba que ninguém
é tão autossuficiente
que não precise dos demais.
Viver isolado é secar
como a planta que não tem
a seiva para se desenvolver.
Como é bom viver em harmonia
com as demais pessoas,
trocar experiências, conversar
e solidarizar-se!

Meditação

Procure sempre praticar o bem.
A maior alegria do ser humano é poder
ajudar o semelhante.

Confirmação

"Caríssimo, não imiteis o que é mau,
mas o que é bom.
Quem faz o bem é de Deus,
quem faz o mal não viu a Deus"
(3Jo 1,11).

31 de Julho

Reflexão

Crescer é um processo contínuo,
que consiste em ter a coragem
de romper as barreiras
que impedem um maior autoconhecimento.
Não significa somente se contentar
com uma vida sem sentido,
sem um ideal, sem um objetivo maior.
Ninguém veio ao mundo
do nada e para o nada.
Todos têm uma missão a cumprir.
Lembre-se de que,
no caminho rumo ao crescimento,
existem muitos obstáculos.
Mas tudo vale a pena se você optar
pela verdade, pelo amor.

Meditação

É sempre tempo de crescer
para quem está decidido.

Confirmação

"Antes procurai crescer na graça
e no conhecimento de nosso
Senhor e Salvador Jesus Cristo.
A ele seja dada a glória, desde agora,
até o dia da eternidade. Amém"
(2Pd 3,18).

Reflexão

O grande desejo dos seres humanos
é amar e ser correspondidos.
Consciente ou inconscientemente,
todos buscam relacionamentos
duradouros e repletos de amor.
Só esse sentimento
pode salvar, curar e libertar
as pessoas do medo,
da insegurança e das prisões
materiais e espirituais.

Meditação

O amor confere equilíbrio à existência
Esse sentimento é a energia
que move a vida.

Confirmação

"Caríssimos, amemo-nos uns aos outros,
porque o amor vem de Deus
e todo aquele que ama nasceu de Deus
e conhece Deus"
(1Jo 4,7).

2 de Agosto

Reflexão
"Como meu Pai me ama,
assim também eu vos amo" (Jo 15,9).
O preceito de Jesus é o amor.
O amor de Deus se manifestou entre os seres
humanos, e esse sentimento deve se propagar aos
irmãos a partir de cada pessoa.
Quem conhece e ama a Deus cultiva as mesmas
atitudes de Jesus, que viveu plenamente esse
sentimento a partir de sua doação aos pobres,
doentes, marginalizados e excluídos.

Meditação
Jesus demonstrou a intensidade de seu amor
não só com palavras, mas também
com gestos concretos.

Confirmação
"Permanecei no meu amor.
Se observardes os meus mandamentos,
permanecereis no meu amor,
assim como eu observei o que mandou meu Pai
e permaneço no seu amor!"
(Jo 15,9b-10).

Reflexão

Seja sempre transparente
em suas atitudes.
Quando for auxiliar
um irmão necessitado,
pratique gestos espontâneos
de caridade.
Evite superficialidades
e esteja sempre pronto
a ajudar quem mais precisa.

Meditação

A solidariedade é
uma das maiores riquezas da vida.

Confirmação

"Eu vos dou um novo mandamento:
amai-vos uns aos outros.
Como eu vos amei,
assim também vós deveis amar-vos
uns aos outros"
(Jo 13,34).

3 de Agosto

4 de Agosto

Reflexão

Mesmo que seja acometido
por maus pensamentos,
mantenha-se firme no caminho
da verdade e do bem.
Não se deixe levar
por pessoas de má índole
nem pela busca desenfreada
de poder.
Respeite seus semelhantes.
Saiba que, mais cedo ou mais tarde,
você prestará contas
de seus atos ao Criador.
Por isso, jamais perca
de vista o essencial.

Meditação

Em suas ações,
nunca perca a serenidade.

Confirmação

"Mandas teu espírito, são criados,
e assim renovas a face da terra"
(Sl 104[103],30).

Reflexão

Hoje em dia,
as pessoas desejam
a paz no mundo
e, principalmente, a espiritual.
No entanto, nenhuma paz se compara
àquela que vem de Deus.
Com isso, a vida ganha
um novo sentido.
Que a paz do Senhor
esteja com você!

Meditação

A paz interior não pode ser dada pelo mundo.
Ela vem do mais profundo do ser,
onde mora Deus.

Confirmação

"Reine em vossos corações
a paz de Cristo,
para a qual também fostes chamados
em um só corpo.
E sede agradecidos"
(Cl 3,15).

6 de Agosto

Reflexão

Na vida, tudo se renova;
por exemplo, a flor que murcha e cai
cede lugar a um novo botão;
a noite que termina anuncia
um novo amanhã, e vice-versa;
a primavera que se vai prenuncia o verão,
e o outono que se finda anuncia
a chegada do inverno.
Do mesmo modo, a morte é compensada
com o nascimento de um novo ser.
É necessário que você
também renove seus pensamentos,
despojando-se do homem velho
e revestindo-se do homem novo
em Cristo Jesus (cf. Cl 3,9-10).

Meditação

Peça que Deus lhe conceda a graça
de ser renovado pelo Espírito Santo.

Confirmação

"Por outro lado, precisais renovar-vos,
pela transformação espiritual de vossa mente,
e vestir-vos do homem novo,
criado à imagem de Deus, na verdadeira
justiça e santidade"
(Ef 4,23-24).

Reflexão

A cada dia, Deus concede
a cada um de nós
uma nova oportunidade de viver;
realizar sonhos e projetos;
crescer, mudar e aperfeiçoar-nos;
estender a mão aos irmãos;
dividir e compartilhar;
dar amor e sorrir,
para iluminar o caminho de alguém;
viajar, conhecer novos lugares e pessoas;
estudar, adquirir sabedoria e graça,
conviver e aprender com os demais.

Meditação

As oportunidades são
novas chances de crescimento.

Confirmação

"Tratai com sabedoria
os que não são da comunidade,
aproveitando bem o momento"
(Cl 4,5).

8 de Agosto

Reflexão
Enfrente as circunstâncias
difíceis com otimismo.
Aprenda a lidar
com situações de luto,
dor e perda, pois tudo isso
também faz parte da vida.
Geralmente, nesses momentos,
as pessoas se questionam:
"Qual é o verdadeiro sentido da vida?";
"De onde viemos e para onde vamos?";
"Qual é nossa missão aqui na terra?".
Por isso, peça que Deus
lhe conceda força e coragem
para enfrentar as adversidades.

Meditação
Peça que Deus lhe conceda fé,
coragem e sabedoria
em todos os momentos.

Confirmação
"E o próprio Deus-com-eles será seu Deus.
Ele enxugará toda lágrima dos seus olhos.
A morte não existirá mais,
e não haverá mais luto, nem grito, nem dor,
porque as coisas anteriores passaram"
(Ap 21,3c-4).

Reflexão

De acordo com Sêneca,
"A deformidade do corpo
não afeta uma bela alma,
mas a beleza da alma
reflete-se sobre o corpo".
Isso quer dizer
que o corpo está para a alma,
assim como o frasco
está para a essência que contém.
Lembre-se de que
o ser humano irradia
a beleza interior
em seu semblante.

Meditação

Se o olhar for simples e puro,
todo o corpo será iluminado.
Este vai refletir a presença de Deus
que está em seu íntimo.

Confirmação

"A lâmpada do corpo é o olho:
se teu olho for simples,
ficarás todo cheio de luz"
(Mt 6,22).

9 de Agosto

10 de Agosto

Reflexão

Na maioria das vezes,
os seres humanos
desviam-se dos problemas
e camuflam os próprios sentimentos
ou emoções menos positivas.
As adversidades fazem parte
da realidade humana.
Assumir com disposição,
coragem e sabedoria
tudo o que a vida lhe oferece
será uma ótima oportunidade
para o desenvolvimento pessoal.

Meditação

À medida que amadurece,
o ser humano aprende a enfrentar
os imprevistos com serenidade.

Confirmação

"Não abandones a Sabedoria,
e ela te guardará; ama-a,
e ela te protegerá" (Pr 4,6).

Reflexão

A conversão à qual somos chamados
é um processo que, em primeiro lugar,
implica amar o próximo
como a nós mesmos.
Saiba que Deus chama
todos à conversão e ao amor,
pois ele é amor.
A missão de Jesus
é resgatar os que estão nas trevas
e mostrar-lhes a luz de Deus.

Meditação

Deus não chama à conversão
só os justos e perfeitos,
mas todos aqueles que se abrem
ao seu amor.

Confirmação

"Pois agora, então – oráculo do Senhor –,
voltai para mim de todo o coração,
fazendo jejuns, chorando e batendo no peito!
Rasgai vossos corações, não as roupas!
Voltai para o Senhor vosso Deus,
pois ele é bom e cheio de misericórdia!
É manso na raiva, cheio de carinho
e retira a ameaça!" (Jl 2,12-13).

12 de Agosto

Reflexão

Ninguém nasce perfeito.
Ao longo da vida,
as pessoas crescem e evoluem,
sempre em busca da perfeição.
No entanto,
com esforço pessoal,
unido à graça de Deus,
é mais fácil atingir
o objetivo proposto.

Meditação

Conhecer e cumprir a vontade de Deus
deve ser a principal meta de sua vida.

Confirmação

"Não vos conformeis com este mundo,
mas transformai-vos, renovando
vossa maneira de pensar e julgar,
para que possais distinguir
o que é da vontade de Deus,
a saber, o que é bom, o que lhe agrada,
o que é perfeito"
(Rm 12,2).

Reflexão

O momento presente é único;
o agora é o instante
da suprema criatividade,
porque significa a busca
do verdadeiro sentir.
Viver o presente
é tomar consciência
dos próprios sentimentos e pensamentos,
a fim de conectar-se
à verdade que está em Deus.

Meditação

O passado não volta mais;
o presente está sendo vivido agora;
o futuro a Deus pertence.

Confirmação

"Fixa teu pensamento nos preceitos de Deus
e sê muito assíduo nos seus mandamentos:
ele confirmará teu coração e o desejo
da Sabedoria te será dado"
(Eclo 6,37).

13 de Agosto

14 de Agosto

Reflexão

Hoje você está convidado a sentar-se
aos pés de Jesus
para ouvir sua palavra.
Inicialmente, procure um texto
do Evangelho que você gosta.
Escolha um lugar aconchegante,
silencioso, que propicie sua interiorização.
Deixe Jesus falar em seu coração.
Em seguida, olhe para dentro
de si mesmo.
Se perceber que algo não está bem,
não tenha medo de mudar.
Por último, peça que o Senhor
o fortaleça em seu novo modo de ser.

Meditação

Sempre é tempo de mudar.
É só querer.

Confirmação

"O Senhor é o teu guarda,
o Senhor é como sombra que te cobre,
e está à tua direita. De dia o sol
não te fará mal nem a lua de noite.
O Senhor te preservará de todo mal,
preservará tua vida"
(Sl 121[120],5-7).

Reflexão

A cada dia, as pessoas ficam
mais sedentas de Deus.
É preciso crer nele, até mesmo
quando tudo parece impossível.
Essa sede do Senhor
sempre existiu e continua até hoje.
É importante que você desenvolva
uma grande intimidade com Deus;
assim, é possível encontrar
a resposta que procura. Nesse sentido,
descobrirá o porquê de seu existir
e quais são os planos de Deus para você.

Meditação

Sem uma íntima comunhão com Deus,
o ser humano fica inquieto.

Confirmação

"O Senhor te guiará todos os dias
e vai satisfazer teu apetite,
até no meio do deserto.
Ele dará a teu corpo nova vida
e serás um jardim bem irrigado,
mina d'água que nunca para de correr"
(Is 58,11).

16 de Agosto

Reflexão

Amanhã pode ser tarde
para dizer que ama,
para perdoar ou pedir perdão,
para ajudar alguém,
para compreender os outros.
Por isso, jamais
perca as oportunidades
de rever suas atitudes e mudar.
Lembre-se de que
somente o hoje é definitivo!

Meditação

"O importante é aproveitar
o momento e aprender sua duração,
pois a vida está nos olhos
de quem sabe ver" (Gabriel Garcia Márquez).

Confirmação

"Segui em tudo os caminhos que o Senhor
vosso Deus vos prescrever, para que vivais
e sejais felizes por longos anos
na terra que ides possuir"
(Dt 5,33).

Reflexão

Crie hábitos positivos.
Elimine aqueles que o destroem
física e espiritualmente.
A felicidade só depende de você.
O hábito de pensar: "Ah, não consigo!"
deve ser substituído por: "Eu posso!".
Você possui um poder infinito,
uma capacidade muito grande
para ser feliz.
Para que isso ocorra,
precisa se conscientizar
da própria capacidade e eliminar
os pensamentos limitadores.
Acredite, você pode!

Meditação

Segundo São Paulo,
você tudo pode naquele
que o fortalece: Deus.

Confirmação

"Quando eu digo:
'Meu pé vacila',
tua graça,
Senhor, me sustenta"
(Sl 94[93],18).

17 de Agosto

18 de Agosto

Reflexão
Quem ama a si mesmo
consegue amar ao próximo.
Por isso, valorize-se!
Lembre-se de que Deus, que é amor,
o criou à sua imagem e semelhança,
por isso você
é muito amado por ele.
O Senhor conhece suas qualidades!

Meditação
Todos são iguais perante Deus.
Ele colocou as pessoas no mundo
para semear amor.

Confirmação
"Com efeito, vós todos
sois filhos de Deus
pela fé no Cristo Jesus"
(Gl 3,26).

Reflexão

Aproveite esta ocasião
para fazer um balanço de sua vida.
Se em sua trajetória
você se deparou com espinhos,
lembre-se de que as dificuldades
foram necessárias
para seu desenvolvimento pessoal.
Reveja suas metas e recomece tudo
com garra e coragem.
Pense sempre de modo positivo.

Meditação

Faça de cada dia
um ponto de partida
para novas conquistas.
Com isso, a vitória
será algo constante em sua vida.

Confirmação

"Mas, em tudo isso,
somos mais que vencedores,
graças àquele que nos amou"
(Rm 8,37).

19 de Agosto

20 de Agosto

Reflexão
A paciência é um dom
concedido por Deus.
Ao cultivá-la,
as pessoas se fortalecem na fé
e obtêm autodomínio
e equilíbrio emocional.
Lembre-se de que,
quanto mais encarar
os desafios com naturalidade,
mais fácil você conseguirá resolvê-los.

Meditação
O grande segredo
das pessoas calmas e equilibradas
é a paciência e a fé.

Confirmação
"Mas, se esperamos o que não vemos,
é porque o aguardamos
com perseverança"
(Rm 8,25).

Reflexão

A fidelidade conjugal
é a maior dádiva dos casais,
pois consiste em comungar
e repartir a mesma vida,
com o ser amado,
fazendo o outro feliz.
Além disso, significa conviver
naturalmente com o outro,
em todos os momentos.
Que tal fazer uma reflexão
sobre isso hoje?

Meditação

O segredo da fidelidade conjugal
é fazer a pessoa amada feliz,
a partir do diálogo e respeito mútuo.

Confirmação

"O matrimônio seja honrado por todos,
e o leito conjugal, sem mancha;
pois Deus julgará os libertinos
e os adúlteros"
(Hb 13,4).

22 de Agosto

Reflexão

Todos os dias,
você é convidado
a tomar a própria cruz.
Esta é, por sinal,
a principal condição
para os que desejam seguir Jesus.
Esse ato significa
aceitar a vida
como vontade do Pai.
Lembre-se de que, mesmo
nos momentos de maior dor,
ele sempre está a seu lado.

Meditação

Assim como Cristo
cumpriu a vontade do Pai,
você também é convidado
a aliviar a cruz dos semelhantes.

Confirmação

"E quem não toma a sua cruz
e não me segue não
é digno de mim"
(Mt 10,38).

23 de Agosto

Reflexão
Procure desfrutar
os bons momentos
da vida com alegria e intensidade.
No entanto,
não se deixe influenciar
por passatempos ou pessoas
que somente lhe causarão prejuízo.
Seja suficientemente maduro
para diferenciar o que é bom
do que não é.

Meditação
No equilíbrio,
está a paz verdadeira e duradoura.

Confirmação
"Quanto àquela que se entrega
aos prazeres, já morreu,
embora esteja ainda viva"
(1Tm 5,6).

24 de Agosto

Reflexão
Procure agir com discrição
e busque sempre
amizades sinceras.
Tenha e conserve
amigos leais, pois eles
vão lhe proporcionar
momentos de alegria
e enriquecimento pessoal.

Meditação
Quem encontrou um amigo
encontrou um tesouro.

Confirmação
"Sejam numerosos os que te saúdam,
mas teu conselheiro, um entre mil"
(Eclo 6,6).

Reflexão

Diariamente,
você se depara com pessoas
das mais variadas etnias, raças
e camadas sociais.
Lembre-se de que,
perante Deus, todos são iguais.
Por isso, você precisa
ter para com todos respeito,
consideração e reverência.
Não se esqueça de que
os seres humanos trazem em seu interior
a capacidade de superação de conflitos,
em prol de uma sociedade
mais justa e igualitária para todos.

Meditação

Exclua de sua vida
tudo o que não agrada a Deus.

Confirmação

"Eis o Deus que me salva,
eu confio e nada temo!
O Senhor é minha força e meu alegre canto.
O Senhor é a minha salvação"
(Is 12,2).

26 de Agosto

Reflexão

Para repor suas energias,
todos necessitam de momentos
de silêncio diários.
Mesmo que praticada
apenas por alguns instantes,
a meditação restitui o equilíbrio
entre corpo, mente e espírito;
com isso, o ser humano
adquire sabedoria e autodomínio.
De acordo com o livro dos Provérbios:
"Adquire a Sabedoria [...],
não te esqueças das palavras
de minha boca nem delas
te afastes" (Pr 4,5).

Meditação

É preciso nascer do alto
e sermos renovados e restaurados.

Confirmação

"Jesus respondeu: 'Em verdade,
em verdade, te digo: se alguém
não nascer do alto, não poderá ver
o Reino de Deus!'"
(Jo 3,3).

Reflexão

Tudo o que Deus criou,
como, por exemplo, florestas
e campos, vales e colinas, rios e mares, nuvens,
luz e trevas, o sol, a lua e as estrelas,
foi feito para ser usufruído
pelos seres humanos.
Para quem tem Deus em seu interior,
o mundo é um paraíso,
porque tudo se remete ao Senhor.
"Minha alma, bendize o Senhor!
Senhor, meu Deus, como
és grande" (Sl 104 [103],1).
"Ó Senhor, nosso Deus, como é glorioso
teu nome em toda a terra! Sobre os céus
se eleva a tua majestade!" (Sl 8,2).

Meditação

O coração acolhe o silêncio
que traz a vida.

Confirmação

"Ó Senhor, Senhor nosso,
como é glorioso o teu nome
em toda a terra"
(Sl 8,10).

28 de Agosto

Reflexão
Todo ser humano
procura a paz interior.
Para que isso ocorra,
é necessário que,
em primeiro lugar,
as pessoas se libertem
da arrogância e tenham consciência
das próprias limitações.

Meditação
A paz e a humildade
caminham de mãos dadas.

Confirmação
"Alegre-se meu coração
na tua salvação e cante ao Senhor,
pelo bem que me fez"
(Sl 13[12],6b).

Reflexão
Certamente, você já passou
pela experiência da perda
de um ente querido.
Nesse momento,
as pessoas percebem
como os seres humanos
são impotentes diante da morte.
Então, a melhor atitude
a ser tomada é ser solidário
com os familiares,
dando-lhes total apoio.

Meditação
Não se pode restituir a vida a quem partiu,
mas é possível oferecer apoio irrestrito
a seus familiares e amigos.

Confirmação
"Não me ocultes o teu rosto
no dia da minha angústia.
Inclina para mim teu ouvido;
quando te invoco,
atende-me depressa"
(Sl 102[101],3).

30 de Agosto

Reflexão

Nos dias atuais,
as pessoas preocupam-se
tanto com os afazeres diários
que se esquecem delas mesmas.
Isso pode acarretar vários problemas de saúde,
que, muitas vezes, se tornam crônicos.
Por esse motivo, é necessário que todos reservem
um momento do dia para fazer alguma atividade
que lhes traga bem-estar,
como praticar exercícios, meditar, ler um livro,
conversar com amigos, rezar ou simplesmente
ficar em silêncio, contemplando
a grande obra de Deus.

Meditação

Diariamente, pratique atividades
que lhe proporcionem bem-estar.

Confirmação

"Uma só coisa pedi ao Senhor, só isto desejo:
poder morar na casa do Senhor
todos os dias da minha vida;
poder gozar da suavidade do Senhor
e contemplar seu santuário"
(Sl 27[26],4).

Reflexão

Na vida, tudo muda
com rapidez impressionante.
Para enfrentar
os imprevistos,
é importante manter
o autocontrole, a serenidade
e o pensamento firme.
Quem está mais bem preparado
consegue driblar os problemas
e se adaptar com facilidade
às novas circunstâncias.

Meditação

Tudo pode servir
para o aperfeiçoamento pessoal.

Confirmação

"Bendito seja Deus,
o Pai de nosso
Senhor Jesus Cristo!
Em sua grande misericórdia,
pela ressurreição de Jesus Cristo
dentre os mortos,
ele nos fez nascer de novo
para uma esperança viva"
(1Pd 1,3).

1º de Setembro

Reflexão
Por receio das críticas,
talvez você desperdice
muitas oportunidades
de crescimento pessoal.
Esses medos podem bloqueá-lo,
fazendo com que se acomode a situações
que vão destruindo seus sonhos e ideais.
Como seria bom
se você enfrentasse a vida
sem se preocupar
com a opinião alheia!

Meditação
"A coragem de enfrentar
a vida traz consigo gênio,
poder e magia" (S. Ribert).

Confirmação
"Observa a vereda dos teus pés,
e todos os teus caminhos
serão seguros"
(Pr 4,26).

Reflexão

Procure louvar a Deus
com suas palavras, gestos e atitudes.
Mesmo se enfrentar dificuldades,
eleve seu coração a ele.
Principalmente nesses momentos,
conte com a presença de Deus
para guiá-lo, orientá-lo, consolá-lo e
dar-lhe discernimento para procurar
a solução para seus problemas e dificuldades.
Louve a Deus
por seu emprego, pela família,
pelos amigos, enfim, pela vida.
Lembre-se de que você foi feito
à imagem e semelhança dele,
por isso lhe deve muita gratidão.

Meditação

Que tudo em sua vida
seja motivo de louvor!

Confirmação

"Exultai, justos, no Senhor,
que merece o louvor
dos que são bons"
(Sl 33[32],1).

2 de Setembro

3 de Setembro

Reflexão

Lembre-se de que maturidade
é sinônimo de humildade.
Significa a capacidade
que o ser humano possui
de reconhecer as próprias limitações
e assumir as responsabilidades
por suas ações.
Por isso, examine seu modo de agir,
admita suas fraquezas
e converta-as em fortalezas.

Meditação

Maturidade é a capacidade
de viver em paz.

Confirmação

"Meu filho, ouve e acolhe
as minhas palavras,
e os anos de tua vida
se multiplicarão"
(Pr 4,10).

Reflexão

É preciso rezar sempre,
sem desistir.
Na hora certa,
no momento oportuno,
Deus vai atender a seus pedidos.
Por isso, cultive
uma relação amorosa com ele.
É bom lembrar que,
antes de ser resultado de seu esforço,
o Reino é a graça de Deus.

Meditação

Quando reza, você fica
perto de Deus, que ouve
suas orações. Quando você sofre,
ele se aproxima e o carrega no colo.

Confirmação

"E Deus, não fará justiça
aos seus escolhidos, que dia e noite
gritam por ele? Será que vai
fazê-los esperar?"
(Lc 18,7).

4 de Setembro

5 de Setembro

Reflexão
Neste dia,
mergulhe na profundidade
da Palavra de Deus,
absorvendo-a em seu coração.
Feche os olhos e permita
que o Senhor fale com você.
Em seguida, deixe-se modificar
por sua força.
Essa será uma experiência
muito enriquecedora em sua vida.

Meditação
A Palavra de Deus é eficaz
e precisa ser vivida.

Confirmação
"O Espírito é que dá a vida.
A carne para nada serve.
As palavras que vos falei
são Espírito e são vida"
(Jo 6,63).

Reflexão

Tenha um dia feliz!
Elogie as pessoas;
faça novas amizades,
mas preserve as antigas.
Guarde segredos,
pois quem confiou em você
deve receber toda a compreensão.
Dê às pessoas uma segunda chance,
pois ninguém é perfeito.
Se alguém o corrigir fraternalmente,
aceite a crítica e reflita sobre o que
precisa e pode ser melhorado.
Nos momentos difíceis,
jamais tome nenhuma decisão precipitada.
Por último, agradeça pela vida,
que é um presente de Deus.

Meditação

A vida é uma bênção,
uma dádiva de Deus.

Confirmação

"Nela estava a vida, e a vida era
a luz dos homens"
(Jo 1,4).

6 de Setembro

7 de Setembro

Reflexão
Hoje e sempre,
aprenda a escolher
o melhor para sua vida.
Saiba que a verdadeira beleza
está no interior de cada pessoa.
Portanto, jamais se aproxime
de alguém por sua beleza física.
Lembre-se de que Deus
criou os seres humanos
para amarem, não para
viverem isolados.

Meditação
Todos foram criados por amor
e para o amor. A verdadeira beleza
está no coração.

Confirmação
"Filhinhos, não amemos
só com palavras e de boca,
mas com ações
e de verdade!"
(1Jo 3,18).

Reflexão

Abra-se à ação do Espírito Santo,
deixando-se renovar, curar,
restaurar e libertar.
Nenhum problema é tão grande
que não tenha solução.
Deposite sua confiança em Deus,
e ele cuidará de você!
Como diz o salmo 27(26),5:
"Ele me dá abrigo na sua tenda
no dia da desgraça.
Esconde-me em sua morada,
sobre o rochedo me eleva".

Meditação

De manhã, abra sua janela
e dê lugar para o Deus da vida.

Confirmação

"Confia no Senhor de todo o teu coração
e não te apoies na tua própria prudência:
pensa nele em todos os teus caminhos,
e ele conduzirá teus passos"
(Pr 3,5-6).

8 de Setembro

9 de Setembro

Reflexão
Qualquer pessoa
está sujeita a sentir rancor
mas somente com a graça de Deus
é possível perdoar
e relevar as ofensas recebidas.
Lembre-se de que o ódio
é contrário à dinâmica
do Evangelho de Jesus.
Por isso, reserve sempre
um espaço em seu coração
para o amor.

Meditação
Opte sempre pelo amor.

Confirmação
"Eu vos dou um novo mandamento:
amai-vos uns aos outros. Como eu vos amei,
assim também vós deveis amar-vos
uns aos outros"
(Jo 13,34).

Reflexão

Inove suas ideias
e desenvolva seus talentos;
isso é viver em plenitude.
Jamais se deixe vencer
pelas dificuldades.
Levante a cabeça e vá à luta
com coragem e determinação.
Nada é pior que o desânimo
e a falta de coragem.
Se, em algum momento,
você hesitar, reflita sobre este ditado:
"Antes a amargura da derrota
do que o arrependimento de nunca ter tentado".

Meditação

A vitória é dos que lutam
com tenacidade.

Confirmação

"O Senhor firma os passos do homem,
sustenta aquele cujo caminho lhe agrada.
Se ele cair, não ficará prostrado,
pois o Senhor segura sua mão"
(Sl 37[36],23-24).

Reflexão

Os seres humanos buscam a paz
e a felicidade nas coisas terrenas;
no entanto, descobrem que
as maravilhas propostas
pelo mundo são ilusórias
e passam como nuvens de fumaça,
deixando atrás de si rastros de decepções.
Por isso, é conveniente que todos
avaliem onde e como
estão aplicando seu tempo.
Jesus ensinou
a seus discípulos que não deveriam
se preocupar tanto com a alimentação
nem com o vestuário;
o mesmo fez com Marta.
Esse ensinamento deve servir
de alerta para nós.

Meditação

Administre seu dia com sabedoria.

Confirmação

"O Senhor, porém, lhe respondeu:
'Marta, Marta! Tu te preocupas
e andas agitada com muitas coisas.
No entanto, uma só é necessária.
Maria escolheu a melhor parte,
e esta não lhe será tirada'"
(Lc 10,41-42).

Reflexão

Ofereça seu ombro para alguém hoje.
Amanhã, quando precisar,
Deus não deixará faltar
um coração amigo para consolá-lo.
Um dos piores males do mundo moderno,
principalmente nas grandes cidades,
é o agravamento da indiferença
e da desconfiança.
Para evitar o vazio existencial
e amenizar a solidão e a tristeza,
estabeleça uma boa comunicação
com os semelhantes.

Meditação

A boa comunicação é um importante
elo entre as pessoas.

Confirmação

"Tudo o que aí está,
minhas mãos é que fizeram;
tudo que existe é meu – oráculo do Senhor.
Aqueles por quem eu olho são:
o pobre, o de espírito abatido,
o que treme diante de minha palavra"
(Is 66,2).

13 de Setembro

Reflexão

Com a oração do pai-nosso,
Jesus nos ensinou a rezar.
A partir de alguns trechos
vamos refletir sobre seu conteúdo:
"Pai nosso, que estás no céu,
santificado seja o teu nome,
porque estás acima de tudo e de todos;
venha a nós o teu Reino, seja feita a tua vontade,
para que se realize em nossa vida o teu plano,
pela ação do Espírito Santo.
Que o pão nosso de cada dia sacie
nossa fome de pão material e espiritual.
Perdoa as nossas ofensas e concede-nos o dom da
humildade. Como nós perdoamos a quem
nos tem ofendido, torna-nos prudentes no
julgamento. Não nos deixes cair em tentação,
mas livra-nos de todo mal. Amém".

Meditação

Ore com fé, simplicidade e confiança,
para que seu clamor chegue até Deus.

Confirmação

"Quando orardes, não useis de muitas
palavras, como fazem os pagãos. Eles pensam que
serão ouvidos por força das muitas palavras.
Não sejais como eles, pois o vosso Pai sabe
do que precisais, antes de vós o pedirdes"
(Mt 6,7-8).

Reflexão

O rosto mais belo é aquele que se ilumina
com um sorriso franco e sincero,
pois reflete a beleza da alma
e torna as pessoas agradáveis
na convivência humana.
Um sorriso é capaz de dar ânimo
e coragem a um coração triste.
Por isso, que sua passagem
por este mundo seja repleta
de compreensão e ternura
para com os demais.

Meditação

Seja sempre portador
da alegria de viver.

Confirmação

"É pela graça de Deus que sou o que sou.
E a graça que ele reservou para mim
não foi estéril; a prova é que tenho
trabalhado mais que todos eles,
não propriamente eu,
mas a graça de Deus comigo"
(1Cor 15,10).

14 de Setembro

15 de Setembro

Reflexão

Os seres humanos
são a obra-prima de Deus-Pai,
artista de toda criação,
e cada pessoa é especial para ele.
Por isso, como alguém
pode deixar de se amar,
se é fruto do amor
e do carinho divinos?
Como não se valorizar
se ele, que é Deus,
ama a todos indistintamente,
a despeito de defeitos e qualidades?

Meditação

Você foi criado para a glória de Deus,
e tudo o que ele faz é bom e perfeito.

Confirmação

"O sol brilhante contempla
todas as coisas, e a obra do Senhor
está cheia da sua glória"
(Eclo 42,16).

Reflexão

Use suas palavras
para irradiar otimismo
e transformar o mundo à sua volta.
Se for inteligente e sensato,
você não se deve deixar envolver
em conversas improdutivas.
Quanta sensatez
em uma pessoa prudente
que não ousa falar
dos defeitos alheios;
sua vida está construída
na base da sabedoria.

Meditação

As pessoas que se afastam
das fofocas são sensatas.

Confirmação

"Falastrão falando dá golpe de espada,
a língua dos sábios produz a cura"
(Pr 12,18).

16 de Setembro

17 de Setembro

Reflexão

No mundo atual,
por que existe tanta violência?
Por que ocorrem tantas catástrofes naturais?
Será que Deus quer o mal da humanidade?
De modo algum. Ele deseja somente
a felicidade das pessoas.
No entanto, para tentar entender
os desígnios de Deus,
lembre-se dos remédios amargos
que tomava na infância;
embora tivessem um gosto ruim,
os medicamentos o tratavam
de alguma doença.
Além disso, havia o carinho materno,
que o ajudava a minimizar o mal-estar.
Do mesmo modo,
Deus está presente na vida de todos,
nos momentos de dor e alegria.

Meditação

Pelo sangue de Jesus,
você é mais que vencedor.

Confirmação

"Pensai pois naquele que enfrentou
uma tal oposição por parte dos pecadores,
para que não vos deixeis abater
pelo desânimo"
(Hb 12,3).

Reflexão

A luz é uma fonte de vida,
que ilumina o caminho a ser trilhado;
sem a claridade, a vida tende a desaparecer.
Em algumas ocasiões da vida,
tudo se torna mais difícil.
Nesse momento, mais que nunca,
é preciso que haja uma luz
para orientar os caminhos.
Não perca a esperança,
pois logo virá o dia seguinte.
Por isso, renove-se espiritualmente
e reze com fé, sem duvidar do amor de Deus.
Lembre-se de que Jesus
é a luz do mundo.

Meditação

Abra-se a Jesus, que a luz da vida
descerá sobre você!

Confirmação

"Pois tu és minha lâmpada, Senhor – meu Deus,
ilumina minhas trevas"
(2Sm 22,29).

19 de Setembro

Reflexão

A oração deve fazer parte do cotidiano.
No entanto, quando reza,
a maioria das pessoas costuma
mais pedir que agradecer ao Criador.
Como estão habituadas
ao mundo "instantâneo",
não possuem o dom da paciência.
Consequentemente,
quando percebem que os pedidos
não são atendidos em um tempo determinado,
sentem-se frustradas e abandonadas.
Por isso, ao orar,
jamais se esqueça de pedir
a graça da perseverança.

Meditação

Em nenhum momento,
duvide do amor que Deus Pai
sente por você.

Confirmação

"Perseverai na oração,
mantendo-vos, por ela, vigilantes
na ação de graças"
(Cl 4,2).

Reflexão

A partir de hoje,
adote um novo estilo de vida.
Muitas vezes,
as pessoas preocupam-se em
conseguir grandes realizações,
mas se esquecem de observar
que a vida é feita de pequenas coisas.
Por isso, se houver algo
em suas atitudes ou palavras
que desagrade
os demais, mude!

Meditação

Nunca despreze as pequenas coisas
da vida, pois, a partir delas,
serão realizadas grandes obras.

Confirmação

"Sede, pois, imitadores de Deus
como filhos queridos. Vivei no amor,
como Cristo também nos amou
e se entregou a Deus por nós
como oferenda e sacrifício
de suave odor"
(Ef 5,1-2).

20 de Setembro

21 de Setembro

Reflexão
A existência humana pode ser
comparada a um livro,
cuja introdução vem pronta
no momento do nascimento.
Quando ainda são crianças,
os primeiros capítulos
são escritos pelos pais e educadores.
Com o passar dos anos,
cada um deve assumir
a autoria da própria história.
No entanto, ficar preso ao passado
significa permanecer na introdução,
sem passar para o próximo capítulo.
Por isso, abra o livro de sua vida
e veja em que página
e capítulo você está.

Meditação
Seja você mesmo o autor
do livro da própria vida!

Confirmação
"Eu te farei sábio,
eu te indicarei
o caminho a seguir;
com os olhos
sobre ti,
te darei conselho"
(Sl 32[31],8).

Reflexão

A obra de Deus obedece ao ritmo
da natureza, e a vida segue numa
grande harmonia. Também os seres humanos
têm um ritmo natural.
Às vezes, porém, no dia a dia,
as pessoas assumem um ritmo frenético;
ao agir assim, correm o risco
de não usufruir a vida em sua plenitude.
Para que não se torne um autômato,
adote um ritmo mais calmo,
tranquilo e sereno no agir.

Meditação

Você pode mudar o ritmo
da própria vida. É só querer!

Confirmação

"Quem diz que permanece em Deus deve,
pessoalmente, caminhar
como Jesus caminhou"
(1Jo 2,6).

22 de Setembro

23 de Setembro

Reflexão

Em sua carta apostólica
para o Ano da Eucaristia,
João Paulo II escreveu que
Jesus declarou a si mesmo
como "luz do mundo" (Jo 8,12).
Essa particularidade é evidenciada
nos momentos mais importantes
de sua vida, como a transfiguração
e a ressurreição,
nas quais refulge a glória divina.
Pelo mistério de seu total encobrimento,
Cristo se faz mistério de luz,
graças ao qual as pessoas
são introduzidas na profundidade
da vida divina.

Meditação

Para todo cristão,
a eucaristia é força e alimento
na luta do dia a dia.

Confirmação

"Eu sou a luz do mundo"
(Jo 8,12).

Reflexão

Como cristão, testemunhe
com muita coragem
a presença de Deus no mundo.
O papa João Paulo II repetiu
estas palavras muito sábias:
"Não tenhamos medo de falar de Deus e levar
de cabeça erguida os sinais da fé".
Também Jesus convida as pessoas
a permanecer em seu amor:
"Como o Pai me ama, assim também eu vos amo.
Permanecei no meu amor.
Se observardes os meus mandamentos,
permanecereis no meu amor, assim como
eu observei o que mandou meu Pai
e permaneço no seu amor.
Eu vos disse isso,
para que a minha alegria esteja em vós
e a vossa alegria seja completa"
(Jo 15,9-11).

Meditação

Jesus falou a todos
sobre a importância do verdadeiro amor,
para que ocorra a plena alegria.

Confirmação

"Ninguém tem amor maior do que aquele
que dá a vida por seus amigos"
(Jo 15,13).

25 de Setembro

Reflexão
Assim como a andorinha
encontra na cumeeira
do templo um lugar seguro
para fazer seu ninho,
da mesma forma,
quem habita com Deus está seguro
em todos os momentos da vida.
Por isso, procure construir
sua casa em rocha firme,
onde o vento que sopra
não lhe cause nenhum mal.

Meditação
Construa sua morada na rocha firme
do amor de Deus.

Confirmação
"Para mim um dia nos teus átrios
vale mais que mil em outro lugar;
estar na porta da casa do meu Deus
é melhor que morar nas tendas
dos ímpios"
(Sl 84[83],11).

Reflexão

Ao escrever aos colossenses,
Paulo pediu-lhes que levassem
uma vida digna e honesta,
agradando em tudo a Deus,
frutificando em toda boa obra
e crescendo no conhecimento do Senhor.
Também pediu que se tornassem firmes
na constância e na paciência.
Para concluir essa reflexão, solicitou que
dessem graça ao Pai,
que os tornou dignos de participar
da herança dos santos na luz
(cf. Cl 1,9-12).

Meditação

São Paulo alegrou-se
por ter sofrido pelos irmãos.

Confirmação

"Para isso, eu me afadigo e luto,
na medida em que atua em mim
a sua força"
(Cl 1,29).

27 de Setembro

Reflexão

O salmo 51(50) tem início com estas frases:
"Ó Deus, tem piedade de mim
conforme a tua misericórdia:
no teu grande amor,
cancela o meu pecado".
A misericórdia é um grande dom
de Deus na vida dos seres humanos.
Quem é misericordioso
compreende os semelhantes
e assume uma atitude de perdão,
bondade e solidariedade;
além disso, não julga e
não só pede ajuda,
mas também se oferece
para ir ao encontro do próximo.

Meditação

Cultive a misericórdia
e a compreensão.

Confirmação

"Sede misericordiosos
como vosso Pai é misericordioso.
Não julgueis e não sereis julgados;
não condeneis e não sereis condenados;
perdoai e sereis perdoados"
(Lc 6,36-37).

Reflexão

Procure descobrir
suas capacidades e habilidades,
que são um presente de Deus em sua vida.
Corresponda à confiança
que o Senhor depositou
quando lhe entregou
as capacidades e habilidades de que dispõe,
para que as desenvolvesse e colocasse
a serviço das pessoas.
Por isso, todos os dias,
agradeça a Deus tudo o que
a vida lhe oferece.

Meditação

Caminhe sempre para a frente,
sem temer os obstáculos.

Confirmação

"Jesus disse: 'Se podes...?
Tudo é possível para quem crê'"
(Mc 9,23).

29 de Setembro

Reflexão

Jamais cultive a inveja,
pois esse sentimento prejudica
tanto o invejoso quanto o invejado;
também corrói o coração,
tirando-lhe toda a paz de espírito.
É muito importante
que você se esforce e lute
para não cobiçar a felicidade
de quem quer que seja.
Lembre-se de que
só tem valor aquilo
que for conquistado
com esforço pessoal.

Meditação

Jamais deseje
o que não é seu.

Confirmação

"Portanto, despojai-vos de toda maldade,
de toda mentira, hipocrisia e inveja,
e de toda calúnia"
(1Pd 2,1).

Reflexão

Construa sua casa
sobre uma rocha firme,
para que a construção
não desabe pela força
do vento ou das tempestades.
Na vida, existem momentos repletos
de ideais e projetos;
de repente, surge um obstáculo,
uma incompreensão, uma injustiça,
um mal-entendido.
Esse é o momento
para ultrapassar as dificuldades,
sem retroceder.
As pequenas conquistas diárias
darão consistência à sua construção,
que se fortalecerá como uma rocha.

Meditação

"Às vezes, o simples viver é um ato
de coragem" (Sêneca).

Confirmação

"Ele me dá abrigo na sua tenda
no dia da desgraça.
Esconde-me em sua morada,
sobre o rochedo me eleva"
(Sl 27[26],5).

30 de Setembro

1º de Outubro

Reflexão

Certamente você já ouviu a frase
de que o trabalho é o melhor remédio,
não é mesmo?
Por isso, se você...
... é rico ou pobre, trabalhe.
... é feliz ou triste, trabalhe.
... sente preguiça ou dúvidas, trabalhe.
... tem tristezas e decepções, trabalhe.
O trabalho é um ótimo remédio
tanto para curar distúrbios mentais,
como deficiências físicas.
Que tal pensar nisso hoje?

Meditação

O trabalho dignifica e realiza
o ser humano.

Confirmação

"Pois todo aquele que come e bebe,
e vê o fruto do seu trabalho,
isso é dom de Deus"
(Ecl 3,13).

Reflexão

A vida é semelhante
a um caminho repleto de encantos,
surpresas, alegrias e beleza,
mas também de dores, sofrimentos,
tristezas, dificuldades, riscos.
Se decidir mudar o rumo
de sua trajetória,
você precisa ter coragem
para enfrentar os novos desafios.
Nesse novo caminho,
o mais importante é confiar no Senhor,
para que o guie
em todos os momentos.

Meditação

Na vida, cada pessoa
é responsável por traçar
o próprio caminho.

Confirmação

"O caminho de Deus é perfeito,
a Palavra do Senhor é comprovada,
ela é um escudo para todos os que nele
buscam refúgio"
(Sl 18[17],31).

Reflexão

Seja qual for
a meta a que se propôs,
se estiver em conformidade
com a vontade de Deus,
isso vai se tornar realidade.
Imagine-se superando
os obstáculos surgidos
na caminhada profissional,
pessoal e espiritual.
Cada pessoa é o que pensa.
Por isso, se deseja algo,
lute por seus ideais.

Meditação

A vitória ou a derrota
têm início na mente das pessoas.

Confirmação

"Mas, em tudo isso,
somos mais que vencedores,
graças àquele que nos amou"
(Rm 8,37).

Reflexão

Todos têm o dever
e a obrigação de honrar
e respeitar pai e mãe.
Mesmo que, às vezes,
tenham ideias com as quais
os filhos não concordem,
os pais devem ser respeitados
e ouvidos com paciência.
Para que não haja conflitos
de gerações, é importante
que os mais velhos
respeitem os jovens, e vice-versa.

Meditação

Ame, respeite
e honre seus pais.

Confirmação

"De todo o coração honra teu pai
e não te esqueças dos gemidos de tua mãe.
Como lhes retribuirás o que
eles fizeram por ti?"
(Eclo 7,29-30b).

4 de Outubro

5 de Outubro

Reflexão
Cada ser é único,
pois foi criado à imagem
e semelhança do Criador.
Lembre-se de que
todas as pessoas
possuem dons, qualidades,
talentos e limitações.
Por isso, respeite as diferenças
e evite moldar os outros
segundo seu padrão de pensamento.

Meditação
Peça que Deus lhe conceda
o dom da sabedoria e do discernimento,
para respeitar as diferenças
entre as pessoas.

Confirmação
"Todas essas coisas as realiza um
e o mesmo Espírito,
que distribui a cada um conforme quer.
Como o corpo é um,
embora tenha muitos membros,
e como todos os membros do corpo,
embora sejam muitos, formam um só corpo,
assim também acontece com Cristo"
(1Cor 12,11-12).

Reflexão

Para que não fiquem insossos,
você precisa adicionar temperos e sal aos alimentos.
Para que as empresas, as residências, as escolas
e tudo o mais funcione normalmente,
é necessário energia elétrica.
No Novo Testamento, ao falar sobre a missão
do ser humano, Jesus usou estes exemplos:
ser sal e luz para o mundo.
Se o sal perder a força e a lâmpada
ficar apagada, de nada servirão.
Por isso, transforme sua existência
em luz na vida dos semelhantes.

Meditação

Você pode fazer a diferença
iluminando os caminhos das pessoas.

Confirmação

"Vós sois o sal da terra.
Ora, se o sal perde seu sabor,
com que se salgará?
Não servirá para mais nada,
senão para ser jogado fora
e pisado pelas pessoas.
Vós sois a luz do mundo.
Uma cidade construída
sobre a montanha não fica escondida"
(Mt 5,13-14).

7 de Outubro

Reflexão
No Novo Testamento,
Jesus fez este alerta aos fariseus:
"Muitos ouvem, mas não
querem escutar" (cf. Mc 4,12).
No entanto, Zaqueu,
o chefe dos publicanos,
compreendeu e aceitou
a Palavra de Jesus em sua vida.
A partir de então,
arrependeu-se de seus pecados,
restituiu os bens aos pobres
e iniciou um processo de mudança
(cf. Lc 19,2-10).
A partir desses exemplos,
você também pode mudar
seu modo de ser e agir.
Basta querer.

Meditação
A partir do momento
em que você abre o coração
e entra em contato com a vida de Jesus,
sua vida começa a se transformar.

Confirmação
"Este povo me honra com os lábios,
mas o seu coração está longe de mim"
(Mt 15,8).

8 de Outubro

Reflexão

A verdadeira alegria
vem do Senhor.
Quem possui Deus no coração
irradia uma grande serenidade
que não desaparece nem mesmo
diante da tribulação
ou dificuldade surgida.
Por isso, no dia a dia,
pense nessas palavras.

Meditação

Deus é a verdadeira fonte
de felicidade e alegria.

Confirmação

"O instruído na palavra encontrará
a felicidade; quem espera no Senhor,
esse é feliz"
(Pr 16,20).

9 de Outubro

Reflexão
Hoje, medite profundamente
sobre este poema de Kahlil Gibran:
"Queria de sua alma
ser o pacificador e transformar
a discórdia e a rivalidade
de seus princípios
em unidade e harmonia.
Mas, como posso fazê-lo,
se não está você mesmo a apaziguar,
ou por outra, a amar todos seus elementos?
O mundo que se agita dentro de você
é seu coração; é ele o próprio mundo [...].
Se um ser humano não aceita a si mesmo,
deixa de ser o seu próprio obstáculo.
Ninguém pode me amar
se não sou eu mesmo".

Meditação
Em qualquer circunstância da vida,
seja você mesmo!

Confirmação
"Para mim, tua sabedoria é grandiosa,
alta demais, eu não a entendo"
(Sl 139[138],6).

Reflexão

Geralmente, se sofre
alguma rejeição,
a tendência natural do ser humano
é rejeitar os demais.
Lembre-se de que Jesus
também conheceu a rejeição,
pois, na condição de Filho
querido do Pai, não foi reconhecido
desse modo por seus conterrâneos.
Se, alguma vez, você se sentiu desprezado,
abra o coração diante de Jesus.
Lembre-se também da ajuda
que os bons e fiéis amigos
podem proporcionar e procure-os.
Sobretudo, faça dessa dor
uma entrega ao Deus da vida.

Meditação

O Senhor é o forte sustento
que anima a vida da humanidade.

Confirmação

"O caminho de Deus é perfeito,
a Palavra do Senhor é comprovada,
ela é um escudo para todos os que nele
buscam refúgio"
(Sl 18[17],31).

11 de Outubro

Reflexão
Saiba que nem todos
os dias são iguais!
Por isso, mesmo que surjam
muitos obstáculos em sua trajetória,
tenha fé em Deus e jamais
desista de seus objetivos.
Em João 14,6,
Jesus disse que é o caminho,
a verdade e a vida,
por isso jamais se afaste dele.
Caminhe seguro e pleno de sua luz.

Meditação
Se Cristo for sua luz,
você jamais andará na escuridão.

Confirmação
"Jesus falou ainda:
'Eu sou a luz do mundo.
Quem me segue não caminha nas trevas,
mas terá a luz da vida'"
(Jo 8,12).

Reflexão

Qual é o segredo da felicidade
da qual tanto se fala?
Significa ter momentos
de muita alegria e luz;
é respeitar a felicidade alheia;
enfim, é ter Deus no coração,
confiando e esperando nele.
Mas, acima de tudo,
é ir ao encontro dos irmãos,
sobretudo dos que mais necessitam.
Neles, é possível ver o rosto de Deus.

Meditação

Felicidade é ter Deus no coração
e levá-lo aos irmãos.

Confirmação

"Felizes os que procedem com retidão,
os que caminham na lei do Senhor.
Felizes os que guardam seus testemunhos
e o procuram de todo o coração.
Não cometem iniquidade,
andam por seus caminhos"
(Sl 119[118],1-3).

12 de Outubro

13 de Outubro

Reflexão

Quando reza,
você costuma se encontrar
com Deus?
Orar é abrir o coração ao Senhor
e colocar sua vida perante ele.
Também significa
agradecer-lhe e pedir coisas boas.
Rezar significa amar em profundidade.

Meditação

Rezar é falar com Deus,
amando-o.

Confirmação

"Tudo o que, na oração, pedirdes
com fé, vós o recebereis"
(Mt 21,22).

Reflexão

Saiba que o padrão de pensamentos
determina o caráter de cada pessoa.
Evite ser pessimista,
pois essa postura vai atrair somente
ideias derrotistas.
Se modificar seu ponto de vista,
verá como as circunstâncias
da vida vão melhorar.

Meditação

Substitua os pensamentos
negativos pelos otimistas
e repletos de esperança.

Confirmação

"Mas Jesus, conhecendo
os seus pensamentos, disse-lhes:
'Por que tendes esses maus pensamentos
em vossos corações?'"
(Mt 9,4).

15 de Outubro

Reflexão
As pessoas possuem dons
e talentos peculiares,
que lhes foram concedidos por Deus.
Se essas dádivas
forem bem trabalhadas,
nenhum obstáculo mental
poderá destruí-las.
Para que isso seja possível,
é importante acreditar
na própria capacidade
de resolver os problemas.

Meditação
Confie no poder de Deus
para superar os próprios limites.

Confirmação
"Não te assustes, que sou o teu Deus.
Eu te dou coragem, sim, eu te ajudo.
Sim, eu te seguro com
minha mão vitoriosa"
(Is 41,10).

Reflexão

Se, alguma vez, foi magoado por amigos
ou parentes queridos,
você pode ter dificuldades
em acreditar nas pessoas.
Nesses momentos,
deposite sua confiança em Deus.
Certamente, ele vai prover
tudo o que necessita
para a superação de seus receios.

Meditação

Deus sempre age
nos momentos difíceis
para ensinar algo às pessoas.

Confirmação

"Tu que estás sob a proteção
do Altíssimo e moras à sombra
do Onipotente, dize ao Senhor:
'Meu refúgio, minha fortaleza, meu Deus,
em quem confio'"
(Sl 91[90],1-2).

16 de Outubro

17 de Outubro

Reflexão

Se hoje se sentir triste,
solitário e sem esperança,
lembre-se de que amanhã
será um novo dia.
Não se esqueça
de que tem um amigo
no qual pode confiar
sem receios: Jesus.
Em todos os momentos,
ele segura sua mão
e jamais vai abandoná-lo.
Por isso, confie!

Meditação

Jamais perca a esperança
em um amanhã melhor.

Confirmação

"Estai sempre alegres. Orai continuamente.
Dai graças, em toda e qualquer situação,
porque esta é a vontade de Deus,
no Cristo Jesus, a vosso respeito"
(1Ts 5,16-18).

Reflexão

No dia a dia, você convive
com diversas pessoas,
com as mais variadas características.
Por isso, é fundamental
compreender e respeitar
as limitações alheias.
Lembre-se de que
cada um recebe de acordo
com o que oferece.

Meditação

Cada pessoa é única.
Por isso, o respeito pelo semelhante
é fundamental.

Confirmação

"Irmãos, não vos queixeis uns
dos outros, para que não sejais julgados.
Eis que o juiz está às portas.
Irmãos, tomai por modelo de paciência
nos maus-tratos os profetas,
que falaram em nome do Senhor"
(Tg 5,9-10).

19 de Outubro

Reflexão
Nunca diga que suas ações
não têm importância.
Nada é efêmero
se realizado com amor,
a base da existência humana.
Por isso, irradie sentimentos de paz
às pessoas que estão à sua volta
e será recompensado
do mesmo modo.

Meditação
É preciso amar cada dia mais,
vivendo plenamente.

Confirmação
"Caríssimos,
amemo-nos uns aos outros,
porque o amor vem de Deus
e todo aquele que ama nasceu de Deus
e conhece Deus"
(1Jo 4,7).

Reflexão
No dia de hoje,
você está convidado a refletir
sobre esta mensagem
de Martin Luther King:
"Se eu puder ajudar
alguém a seguir adiante,
se eu puder animar
alguém com uma canção,
se eu puder mostrar
a alguém o caminho certo,
se eu conseguir cumprir
meu dever de cristão,
se eu puder levar
a salvação para alguém,
se eu puder divulgar
a mensagem que o Senhor deixou,
então minha vida
não terá sido em vão".

Meditação
Se conseguir ajudar alguém,
então sua existência
não terá sido em vão.

Confirmação
"Maravilhas o Senhor fez por nós,
encheu-nos de alegria"
(Sl 126[125],3).

20 de Outubro

21 de Outubro

Reflexão

Quando fazem aniversário,
algumas pessoas se entristecem
porque percebem a rapidez
com que o tempo passa.
Porém, não consideram
que é mais um ano
de experiências, realizações
e conquistas de antigos sonhos.
Saiba que a idade cronológica
não é mais importante
que a juventude espiritual.
Por meio de um sorriso,
você pode refletir
a bondade e a jovialidade
que existem em seu interior.

Meditação

A Palavra de Deus
ensina às pessoas a arte de viver.

Confirmação

"Pois a Palavra de Deus é viva, eficaz
e mais penetrante que qualquer espada
de dois gumes. Penetra até dividir
alma e espírito, articulações e medulas.
Julga os pensamentos
e as intenções do coração"
(Hb 4,12).

Reflexão

Em um dia de festa,
Jesus proclamou em voz alta:
"Se alguém tem sede, venha a mim, e beba
quem crê em mim [...] do seu interior
correrão rios de água viva" (Jo 7,37-38).
Em outra ocasião,
Jesus disse à samaritana:
"Quem beber da água que eu darei,
nunca mais terá sede, porque a água
que eu darei se tornará nele
uma fonte de água jorrando
para a vida eterna" (Jo 4,14).
Hoje, ele nos faz este questionamento:
"Vocês estão com sede de amor, perdão, misericórdia,
verdade, paz e justiça?".

Meditação

Se está com sede de paz interior,
aproxime-se de Jesus,
verdadeira fonte de água viva.

Confirmação

"Todos comeram do mesmo alimento espiritual
e todos beberam da mesma bebida espiritual;
de fato, bebiam de uma rocha espiritual
que os acompanhava.
Essa rocha era o Cristo"
(1Cor 10,3-4).

22 de Outubro

23 de Outubro

Reflexão
O coração humano
está sujeito a contínuas mudanças:
em alguns momentos, está alegre,
depois, triste; em outros momentos,
fica calmo, depois agitado;
às vezes, manifesta amor,
outras, rancor.
Embora, a vida possa ser
como um barco à deriva,
"na vontade do ser humano,
há um poder de desejo
que transforma nossa escuridão
em sol" (Kahlil Gibran).

Meditação
O desejo profundo de vencer,
unido a uma grande determinação,
poderá ser a âncora que sustentará
o ser humano.

Confirmação
"O Senhor estará a teu lado
e guardará teu pé,
para que não sejas preso"
(Pr 3,26).

Reflexão

A maioria das pessoas
sempre se prepara
para a realização de um projeto.
Na busca de seu objetivo,
elas se dedicam totalmente
até alcançá-lo.
Com a força e a justiça
provenientes de Deus,
os projetos e sonhos
são executados plenamente.

Meditação

Lembre-se de que Deus
cuida dos projetos de seus filhos.

Confirmação

"O Senhor é o meu pastor, nada me falta.
Ele me faz descansar em verdes prados,
a águas tranquilas me conduz.
Restaura minhas forças,
guia-me pelo caminho certo,
por amor do seu nome"
(Sl 23[22],1-3).

25 de Outubro

Reflexão

Jesus veio para servir,
não para ser servido (cf. Mc 10,45).
Como cristãos que seguem Jesus
é importante que todos lavemos os pés uns dos outros,
seguindo o seu exemplo na véspera da Paixão.
Quem é engajado na comunidade
se coloca a serviço dos irmãos
com humildade e despojamento.

Meditação

Como cristão,
você pode dar testemunho
de disponibilidade,
por meio do serviço aos irmãos.

Confirmação

"Depois de lavar os pés dos discípulos,
Jesus vestiu o manto e voltou ao seu lugar.
Disse aos discípulos:
'Entendeis o que eu vos fiz?
Vós me chamais de Mestre e Senhor;
e dizeis bem, porque sou.
Se eu, o Senhor e Mestre, vos lavei
os pés, também vós deveis lavar os pés
uns aos outros. Dei-vos o exemplo,
para que façais assim como eu fiz para vós'"
(Jo 13,12-15).

26 de Outubro

Reflexão
Cultive a simplicidade,
evitando o superficialismo.
A modéstia torna as pessoas
amáveis, simpáticas e queridas por todos.
Como consequência,
elas atraem numerosos
e sinceros amigos.
Sua presença é bem-vinda
em todos os lugares.
Qual é sua disposição
para cultivar essa virtude?

Meditação
Viva com simplicidade,
que é fonte de sabedoria.

Confirmação
"A revelação das tuas palavras ilumina,
dá sabedoria aos simples"
(Sl 119[118],130).

27 de Outubro

Reflexão

É preciso coragem
e determinação para tentar
novos empreendimentos
e aprender com os erros cometidos.
Nesses momentos,
a presença de Deus
acreditando, abençoando
e dando força é sua garantia.
Com ele, você será
mais que vencedor!

Meditação

Você é precioso aos olhos de Deus.

Confirmação

"Até mesmo os cabelos de vossa cabeça
estão todos contados. Não tenhais medo!
Vós valeis mais do que muitos pardais"
(Lc 12,7).

Reflexão

Aja com sinceridade
e transparência,
em todos os momentos da vida.
Jamais tente aparentar
algo que não é.
Quem é dissimulado
não consegue enganar os demais
por muito tempo.
Nas bem-aventuranças,
Jesus disse: "Felizes os pobres
no espírito, porque deles
é o Reino dos Céus" (Mt 6,3).
Pratique esse ensinamento
em seu dia a dia.

Meditação

A simplicidade
é um grande dom de Deus.

Confirmação

"Escravos, obedecei aos vossos senhores
deste mundo como ao próprio Cristo,
com temor e grande respeito
e de coração sincero" (Ef 6,5).

29 de Outubro

Reflexão

Para amar os irmãos,
é preciso compreendê-los
e acolhê-los em seu coração.
Por isso, abençoe os que o perseguem,
alegre-se com quem está feliz,
chore com os que estão tristes
e viva em harmonia com seu próximo.
Lembre-se de que
o bom relacionamento
fraterno é uma grande
dádiva de Deus.

Meditação

Relacionar-se bem com o próximo
é um grande dom de Deus.

Confirmação

"Nisto sabemos o que é o amor:
Jesus deu a vida por nós. Portanto,
também nós devemos
dar a vida pelos irmãos"
(1Jo 3,16).

Reflexão

Em algum momento do dia,
reflita sobre o conteúdo desta mensagem:
"Cada vida é, na verdade, um dom,
não importa se for curta,
não importa se é frágil.
Cada vida é, na verdade, um dom
a ser mantido eternamente
em nossos corações.
Quando não há palavras
para amenizar a dor,
que seu espírito seja tocado
pelo amor que o cerca;
lentamente, a cura terá início.
Que você saiba esperar,
amar além da consideração e
ter paz além da compreensão".
(Kimberly Rinehart).

Meditação

Acredite no amor
que envolve a todos.

Confirmação

"O Senhor dará força
a seu povo, o Senhor abençoará
seu povo com a paz"
(Sl 29[28],11).

30 de Outubro

31 de Outubro

Reflexão
Inicie este dia
com a seguinte oração,
escrita por Tagore:
"Senhor, esta é a súplica que dirijo a ti:
fere pela raiz a avareza
em meu coração.
Dá-me forças para suportar
alegremente minhas alegrias e tristezas.
Dá-me forças para que
o meu amor frutifique em serviço.
Dá-me forças para que
eu nunca despreze o pobre, nem dobre
meus joelhos diante do poder insolente.
Dá-me forças para elevar minha mente
acima da pequenez do dia a dia.
E dá-me forças, finalmente,
para entregar com amor minha força
à tua vontade".

Meditação
Valorize todas as pessoas,
pois somos filhos de Deus.

Confirmação
"Oh! Como é bom, como é agradável
os irmãos morarem juntos!"
(Sl 133[132],1).

Reflexão

Quem mais praticou a mansidão
foi Jesus, que se autodenominou
"manso e humilde de coração";
no entanto, ele foi vítima
da pior violência que pôde existir:
a crucificação.
A pessoa calma é mais forte que a violenta,
pois esta, ao agir com violência,
demonstra fragilidade e medo,
enquanto a outra tem em si
a força do amor.
Hoje, convido você
a meditar sobre essa realidade.

Meditação

Os mansos possuirão a terra.

Confirmação

"Antes de tudo, peço que se façam
súplicas, orações, intercessões,
ação de graças, por todas as pessoas [...]
para que possam levar uma vida calma
e tranquila, com toda a piedade
e dignidade"
(1Tm 2,1-2).

1º de Novembro

2 de Novembro

Reflexão

Um dos maiores mandamentos
de Deus é o amor aos inimigos.
Ao morrer por nós
Jesus deixou este novo mandamento:
ordenou que todos se amassem uns aos outros
e se tratassem como irmãos.
Isso não pode ficar restrito
somente aos mais próximos,
mas deve abranger todas as pessoas
com as quais o relacionamento é difícil.
É um sentimento sem fronteiras,
que deve ser compreendido
como a expressão máxima
do amor de Deus pela humanidade.

Meditação

Procure sempre amar
e abençoar seus inimigos.

Confirmação

"Ouvistes o que foi dito:
'Amarás o teu próximo e odiarás
o teu inimigo!'. Ora, eu vos digo:
'Amai os vossos inimigos e orai
por aqueles que vos perseguem!'"
(Mt 5,43-44).

Reflexão

Se for magoado, perdoe seu ofensor.
Se agir desse modo,
você experimentará
uma grande leveza interior.
O perdão é o poder
que quebra as cadeias do rancor
e as correntes do egoísmo,
libertando as pessoas
de sentimentos negativos.
O perdão sincero de sua parte
fará de você um vencedor.

Meditação

"Se não se pode perdoar,
não vale a pena vencer"
(Victor Hugo).

Confirmação

"Pedro dirigiu-se a Jesus, perguntando:
'Senhor, quantas vezes devo perdoar,
se meu irmão pecar contra mim?
Até sete vezes?'. Jesus respondeu:
'Digo-te, não até sete vezes,
mas até setenta vezes sete vezes'"
(Mt 18,21-22).

3 de Novembro

4 de Novembro

Reflexão

O Natal está se aproximando.
Antes de celebrar essa grande festa,
é importante que todos façam
uma revisão de seus pensamentos e atitudes.
Para que a partilha de bens
seja fruto constante na vida cristã,
é importante que as armas da violência,
do egoísmo e da ganância
sejam depostas.
O verdadeiro encontro com Jesus
provoca mudanças
no modo de agir e pensar
de cada um,
por isso exige conversão.

Meditação

O encontro com Jesus preenche o coração
de piedade e misericórdia
para com os semelhantes.

Confirmação

"Não julgueis, e não sereis julgados.
Pois com o mesmo julgamento
com que julgardes os outros sereis julgados;
e a mesma medida que usardes para os outros
servirá para vós"
(Mt 7,1-2).

Reflexão
Deus tem sempre
gestos de carinho
para com seus filhos.
No Antigo Testamento,
com a ajuda de Moisés,
o Senhor libertou o povo
da escravidão do Egito,
conduzindo-o com paciência e ternura
pelo deserto, até a Terra Prometida.
Hoje, lembre-se
das pessoas carentes e oprimidas
pela escassez de trabalho,
baixa remuneração e falta de moradia.
Diante do Senhor,
abra seu coração a essa realidade.

Meditação
Reze hoje: "Senhor,
vem salvar teu povo!".

Confirmação
"Lembra-te, Senhor, do teu amor,
e da tua fidelidade desde sempre"
(Sl 25[24],6).

6 de Novembro

Reflexão

Hoje em dia, as pessoas
têm muita necessidade de paz,
e a procuram avidamente
em todos os lugares.
A verdadeira harmonia
está relacionada à prática da justiça,
da solidariedade e do amor profundo
por aqueles que buscam
e vivem segundo a vontade de Deus.
De acordo com João Paulo II, "É dever dos fiéis,
independente da religião a que pertencerem,
proclamar que jamais seremos felizes
uns contra os outros".

Meditação

A verdadeira paz vem de Deus.

Confirmação

"Reine em vossos corações a paz
de Cristo, para a qual também
fostes chamados em um só corpo.
E sede agradecidos"
(Cl 3,15).

Reflexão

É muito importante ver
a figura de Deus no próximo.
Todos os dias, temos oportunidades
de estender a mão aos necessitados,
entre os quais estão
as crianças carentes, os jovens sem rumo,
os idosos desamparados, os doentes.
No Novo Testamento,
Jesus disse que aquilo
que fizermos a um de nossos irmãos
estaremos fazendo a ele mesmo
(cf. Mt 25,40).
Pense nisso hoje! Esta será
uma bela experiência de vida!

Meditação

Ame a seu próximo sem distinção.
Saiba que, do mesmo modo
que vive em você, Cristo vive nele.

Confirmação

"Sem terdes visto o Senhor, vós o amais.
Sem que agora o estejais vendo,
credes nele. Isto será para vós
fonte de alegria inefável e gloriosa,
pois obtereis aquilo em que acreditais:
a vossa salvação"
(1Pd 1,8-9).

8 de Novembro

Reflexão
Em todas as atitudes da vida,
é necessário haver equilíbrio,
para que ocorra a harmonia
entre corpo, alma e mente.
No entanto, é difícil
manter equilíbrio em todas as coisas.
Nesses momentos,
é bom repensar certas atitudes,
eliminando maus hábitos
e rígidos padrões de pensamento.

Meditação
Caminhe com firmeza
e segurança, sem pressa,
e nunca pare de progredir
e de crescer.

Confirmação
"E por que ficar tão preocupados
com a roupa? Olhai como crescem
os lírios do campo.
Não trabalham, nem fiam"
(Mt 6,28).

Reflexão

Você já se perguntou
sobre o significado
da palavra imitar?
Imitar significa reproduzir
algum procedimento,
ou atitude inspirada
em uma pessoa que admiramos.
Paulo é um grande exemplo dessa definição.
Grande imitador de Jesus,
a quem seguiu com todas as forças,
ele deu sua vida pela causa do Evangelho.
Por isso, escreveu: "Sede meus imitadores,
como eu o sou de Cristo" (1Cor 11,1).

Meditação

O caminho rumo à perfeição
passa pelo seguimento de Jesus.

Confirmação

"Dei-vos o exemplo, para que façais assim
como eu fiz para vós"
(Jo 13,15).

10 de Novembro

Reflexão
Não se preocupe em demasia
com os resultados futuros.
Plante sempre sementes
de bondade e amor.
Lance-as ao solo
e deixe que cresçam
e frutifiquem,
aguardando
o tempo oportuno
para a colheita.

Meditação
Semeie sempre o amor,
raiz de todos os bens.

Confirmação
"Quem não ama não chegou
a conhecer Deus,
pois Deus é amor"
(1Jo 4,8).

Reflexão

Entre as infinitas qualidades
de Jesus, está a sinceridade:
"Mentira nenhuma foi achada
em sua boca" (1Pd 2,22).
Quando Pilatos lhe perguntou:
"Tu és o Rei dos judeus?",
Jesus, o Mestre dos mestres,
respondeu sem hesitar:
'Tu o dizes'" (cf. Lc 23,3).
A partir do exemplo de Cristo,
avalie suas atitudes
e verifique se está sendo autêntico
em todos os momentos.

Meditação

Sempre que for preciso
tomar uma decisão, tenha a sabedoria
e a firmeza de fazê-lo.

Confirmação

"Seja o vosso sim, sim,
e o vosso não, não.
O que passa disso vem do Maligno"
(Mt 5,37).

12 de Novembro

Reflexão
Na vida, tudo tem
sua razão de ser.
Como criaturas de Deus,
todos possuem uma missão
que lhes foi confiada.
Portanto, esteja sempre atento
aos seus apelos
para cumprir sua trajetória
da melhor maneira.

Meditação
Reflita comigo sobre esta realidade,
que dará um novo sabor a seu existir.

Confirmação
"Eu, prisioneiro no Senhor,
vos exorto a levardes uma vida digna
da vocação que recebestes"
(Ef 4,1).

Reflexão
A honestidade é um dom de Deus,
que é colocado a serviço
do bem comum.
Além disso, é uma grande virtude,
constituindo-se no maior legado
que os pais podem
transmitir aos filhos.
Em todas as circunstâncias da vida,
jamais se deixe enveredar
por caminhos tortuosos.

Meditação
Em sua vida, procure caminhar
sempre com a maior honestidade.

Confirmação
"Pois procuramos fazer o bem,
não somente diante do Senhor,
mas também diante dos outros"
(2Cor 8,21).

13 de Novembro

14 de Novembro

Reflexão
Você já parou para pensar
no poder de suas palavras?
Se proferidas no momento certo,
valem mais que ações tardias;
portanto, antes de dizer
qualquer coisa, tente ser
o mais claro possível,
para evitar mal-entendidos.
Inspirado em uma canção
de pe. Zezinho, peça que Deus
lhe conceda "a palavra certa,
na hora certa, para a pessoa certa
e do jeito certo".

Meditação
"Quem mede e sabe o que diz
há de ser mais feliz!" (ditado popular).

Confirmação
"Cada um se alegra com a resposta
que dá, mas a palavra oportuna
é a melhor"
(Pr 15,23).

Reflexão

Na vida, empregue todos os esforços
na superação dos obstáculos.
Quem tem coragem
e desafia os próprios medos
assume os riscos
necessários para vencer.
Com coragem e perseverança
você vai conseguir
ultrapassar as barreiras
e vencer!

Meditação

As poucas derrotas da vida tornam
os numerosos sucessos mais que
dignos dos esforços de cada um.

Confirmação

"O respeito humano arma ciladas;
quem espera no Senhor, porém,
será defendido"
(Pr 29,25).

16 de Novembro

Reflexão
Ser prestativo para com os semelhantes
denota uma profunda forma de amar.
Não seja egoísta nem individualista,
fechando-se em si mesmo.
Perceba que,
quanto mais abrangente
for sua comunicação,
mais amor levará a quem,
muitas vezes, jamais recebeu
uma palavra de carinho.

Meditação
A boa comunicação
tira as pessoas do isolamento
e as aproxima dos irmãos.

Confirmação
"Mas o juízo voltará a ser
conforme a justiça, vão segui-los todos
os retos de coração"
(Sl 94[93],15).

Reflexão

Cada um de nós recebeu
uma gama de talentos,
que precisam ser desenvolvidos
ao longo da existência.
Alguns têm o dom da fé,
da palavra, da música,
do canto, das artes
ou da comunicação;
por sua vez, outros possuem
o dom da caridade, da profecia,
da sabedoria, da inteligência,
do discernimento dos espíritos
ou de falar em línguas.
Se ainda não os descobriu,
você precisa desenvolver seus dons,
para serem colocados a serviço
dos irmãos e da comunidade.

Meditação

Analise suas habilidades
e seus dons.

Confirmação

"Todas essas coisas as realiza um
e o mesmo Espírito, que distribui
a cada um conforme quer"
(1Cor 12,11).

17 de Novembro

18 de Novembro

Reflexão
Modificar os "arquivos" mentais
é um bom exercício
a ser realizado diariamente.
Em vez de dizer "não sou capaz",
fale "hoje conseguirei".
É uma maneira simples
de modificar seu modo de ser e pensar.
Jamais se julgue um fracassado.
Nos momentos de desespero, reze:
"Cria em mim, ó Deus,
um coração puro. Renove em mim
um espírito resoluto" (Sl 51[50],12)

Meditação
Seu padrão de pensamentos
é fator determinante para o sucesso
ou fracasso de suas ações.

Confirmação
"Devolve-me a alegria de ser salvo,
que me sustente um ânimo generoso"
(Sl 51[50],14).

Reflexão

Ficar preso aos próprios problemas
torna os seres humanos
mesquinhos e pobres.
Saiba que,
nos hospitais, asilos,
albergues, presídios,
existem muitas pessoas
à espera de uma palavra,
um gesto de carinho, um sorriso.
Por isso, por mais graves
que sejam seus problemas,
olhe ao redor!

Meditação

Na caridade ao próximo,
está sua alegria.

Confirmação

"Castigarei com a vara suas transgressões,
e com açoites seus pecados.
Mas não lhes retirarei meu favor
e não vou desmentir minha fidelidade"
(Sl 89[88],33-34).

19 de Novembro

20 de Novembro

Reflexão

Pela força da fé,
é possível vencer todas as aflições.
Você é o dono dos próprios atos
e responsável pela própria vida.
Abrace com garra
as metas que a se propôs realizar.
Não tenha medo de nada
nem de ninguém.
Lembre-se de que o Senhor
é sua força e proteção.

Meditação

Jamais desanime nem desista.
Vá à luta!

Confirmação

"Quem teme o Senhor
não tem medo de nada"
(Eclo 34,16a).

Reflexão

Como é bom
ter amigos verdadeiros!
Se quiser conquistá-los,
demonstre-lhes seu amor,
dedicação,
simpatia e sinceridade.
Saiba ouvir as pessoas,
respeitá-las e valorizá-las
em todos os momentos
e seja prestativo e generoso.
Lembre-se de que
a verdadeira amizade
faz crescer e amadurecer.

Meditação

Nas horas difíceis,
reconhecemos o verdadeiro amigo.

Confirmação

"Se queres adquirir um amigo,
adquire-o na provação,
mas não te apresses em confiar nele.
Porque há amigo de ocasião,
que não persevera no dia da desgraça"
(Eclo 6,7-8).

21 de Novembro

22 de Novembro

Reflexão

Iniciar uma boa obra é fácil.
No entanto, perseverar é mais difícil,
mas não impossível.
Se o desânimo se abater sobre você,
peça que Deus lhe dê forças
para seguir adiante.
Espelhe-se no exemplo de Jesus,
que orou muito para afastar
seus inimigos e também rezou
por seus algozes, dizendo:
"Pai, perdoa-lhes! Eles não sabem
o que fazem" (Lc 23,34).
A leitura constante da Palavra de Deus
vai entrar em sua mente e em seu coração,
produzir frutos e fortalecer seu modo de agir.
Por isso, jamais desista do bem
que resolveu empreender.

Meditação

Peça que o Espírito Santo lhe conceda
força e coragem para perseverar
na prática do bem.

Confirmação

"Mas quem perseverar até o fim,
esse será salvo"
(Mt 24,13).

Reflexão

Ame a Jesus de todo coração,
com todas as forças;
nele, estão o amor, a paz e a vida!
Jamais se envergonhe dele;
antes, porém, professe sua fé
com alegria, onde quer que esteja.
Se não seguir as pegadas,
os ensinamentos e as palavras de Jesus,
não verá a face de Deus.
Ele não é apenas um dos trajetos
que nos conduzem ao Senhor,
mas sim o único caminho.
Cultive uma grande vida
de oração e união com Jesus
para ser sua testemunha
entre irmãos e irmãs.

Meditação

Jesus é o único caminho
que nos conduz ao Pai.

Confirmação

"Jesus respondeu: 'Eu sou o caminho,
a verdade e a vida. Ninguém vai
ao Pai senão por mim'"
(Jo 14,6).

23 de Novembro

Reflexão

No início deste dia,
faça do seguinte poema uma oração:
"Que eu nunca peça para ficar livre dos perigos,
e sim tenha coragem para enfrentá-los.
Que eu nunca mendigue a paz
para a minha dor, e sim coração forte para dominá-la.
Que eu não procure aliados
na batalha da vida, e sim minha força.
Que eu não anseie medrosamente pela salvação,
e sim tenha esperança e paciência
para conquistar minha liberdade.
Senhor, concede-me a graça de não ser tão covarde
para sentir a tua misericórdia apenas em meu triunfo.
Permite-me encontrar o aperto de tua mão
dentro do meu fracasso" (Tagore).

Meditação

Todos os dias, peça que o Senhor
lhe conceda o dom da fortaleza,
para não esmorecer nas dificuldades.

Confirmação

"Senhor, meu rochedo,
minha fortaleza, meu libertador;
meu Deus, minha rocha,
na qual me refugio; meu escudo e baluarte,
minha poderosa salvação"
(Sl 18[17],3).

Reflexão

Na vida existe sempre
uma boa oportunidade para iniciar
um processo de crescimento pessoal.
Por isso, prepare-se
lutando por seus ideais.
Encare os estudos com seriedade.
Ocupe seu tempo para investir
em seu crescimento pessoal.
Enfim, construa sua história
com determinação,
coragem e honestidade.

Meditação

Conquiste seu ideal passo a passo.

Confirmação

"Para proporcionar sagacidade
aos inexperientes e, aos jovens,
conhecimento e reflexão"
(Pr 1,4).

25 de Novembro

26 de Novembro

Reflexão

Transforme-se em
um mensageiro de boas notícias.
Para que isso ocorra,
primeiramente,
é necessário mudar
o padrão de pensamentos.
Para ser um anjo
bom entre as pessoas,
escolha sempre
informações construtivas
e concentre seus esforços nessa tarefa.
Que tal tentar essas mudanças
a partir de hoje?

Meditação

Deus está sempre vivo e presente
no meio de nós.

Confirmação

"Que é mais fácil dizer:
'Os teus pecados são perdoados'
ou: 'Levanta-te e anda?'"
(Mt 9,5).

Reflexão

É importante ter amigos
para confiar-lhes
suas preocupações, dificuldades
e segredos.
Ampliar o círculo de amizades
é benéfico à saúde física e emocional.
Por isso, jamais se considere
autossuficiente;
procure sempre ter
uma atitude de diálogo e abertura
para partilhar seus problemas.
A busca pela ajuda dos amigos
é um excelente caminho
para eliminar o estresse.

Meditação

Diante dos problemas,
mantenha a calma
e conte com os amigos.

Confirmação

"Nisso, um escriba aproximou-se e disse:
'Mestre, eu te seguirei aonde fores'"
(Mt 8,19).

27 de Novembro

28 de Novembro

Reflexão
Nunca perca tempo
com fofocas e comentários
maliciosos sobre o próximo;
enquanto age desse modo,
você perde oportunidades
de trabalhar, vencer e prosperar.
No dia a dia, ponha em prática
estas palavras de Jesus:
"Não julgue para não
ser julgado" (cf. Lc 6,37).
Saiba que somente Deus, o Senhor,
pode julgar e condenar as pessoas.

Meditação
Aproveite as ocasiões para ver
somente o lado bom das pessoas.

Confirmação
"Ou a árvore é boa, e o fruto, bom;
ou a árvore é má, e o fruto, mau.
É portanto, pelo fruto que se conhece
a árvore. [...] Eu vos digo: de toda palavra vã
que se proferir há de se prestar conta,
no dia do juízo. Por causa das tuas palavras
serás considerado justo; e por causa
das tuas palavras serás condenado"
(Mt 12,33.36-37).

Reflexão

A diferença entre
a pessoa ansiosa e a tranquila
é a maneira como enfrentam a vida.
Enquanto uma perde tempo
com as desgraças,
a outra procura ver somente
os aspectos positivos da vida.
Por isso, viva intensamente
o momento atual,
sem sofrer por antecipação.
Cuide de você em primeiro lugar
e verá que tudo vai melhorar.

Meditação

Hoje faça algo que lhe agrade
e desfrute os bons momentos da vida.

Confirmação

"O sol brilhante contempla
todas as coisas, e a obra do Senhor
está cheia da sua glória"
(Eclo 42,16).

30 de Novembro

Reflexão

Jamais diga: "Não sou capaz!
Não posso! Não consigo!".
Em seu interior,
existe uma grande força
que pode concretizar
todos os desejos, desde que os propósitos
sejam usados para o bem.
Procure sempre ter presente este princípio:
com a graça de Deus,
você vai conseguir,
e tudo dará certo.
Aos poucos, perceberá que sua vida
vai mudar para melhor.

Meditação

Jesus afirmou que tudo é possível
para quem tem fé.

Confirmação

"Enfim, fortalecei-vos no Senhor,
no poder de sua força, revesti-vos
da armadura de Deus, para que possais
resistir às ciladas do diabo"
(Ef 6,10).

Reflexão

Aceite seus problemas com serenidade,
e saiba tirar deles uma lição
positiva para sua vida.
Nas situações imprevisíveis,
não exagere, nem seja muito pessimista;
lembre-se de que as adversidades
fazem parte do crescimento humano.
Siga em frente e de cabeça erguida,
e pense que dias melhores virão.
Como dizia Helen Keller:
"Mantenha o rosto voltado para o sol,
e não poderá ver sua sombra".

Meditação

Diante das dificuldades, diga:
"Bendito seja Deus!".

Confirmação

"Louvai o Senhor, pois ele é bom [...]
Na nossa humilhação lembrou-se de nós;
pois eterno é seu amor"
(Sl 136[135],1a.23).

1º de Dezembro

2 de Dezembro

Reflexão
Se tiver a proteção de Jesus
como Senhor e Salvador da vida,
ele jamais vai abandoná-lo,
sobretudo nos momentos mais difíceis.
Para manter a serenidade,
reze o salmo 27(26),1:
"O Senhor é minha luz e salvação;
de quem terei medo?
O Senhor é quem defende
a minha vida; a quem temerei?".
Em seguida, o salmista continua,
com mais confiança:
"Se contra mim acampa
um exército, meu coração não teme;
se contra mim ferve o combate,
mesmo então tenho confiança"
(Sl 27[26],3).

Meditação
Confie sempre em Deus,
sua rocha segura.

Confirmação
"Espero no Senhor, minha alma espera
na tua palavra. Minha alma aguarda
o Senhor mais que as sentinelas a aurora"
(Sl 130[129],5-6).

Reflexão

A vida é uma trajetória a ser percorrida,
repleta de surpresas, encantos,
beleza, dificuldades e riscos.
Lembre-se de que cada pessoa
é responsável por traçar
o próprio caminho.
Por isso, todos são convidados
a lutar por um mundo repleto de
amor, paz, justiça e solidariedade.

Meditação

Viver é enfrentar os obstáculos
com coragem e fé.

Confirmação

"Jesus respondeu: 'Eu sou o caminho,
a verdade e a vida. Ninguém vai ao Pai
senão por mim'"
(Jo 14,6).

4 de Dezembro

Reflexão
Diariamente,
busque a força e a coragem
que vêm de Deus,
para que nenhuma
dificuldade ou circunstância
o derrube.
Além disso, seja
um comunicador do bem
e da graça de Deus,
transmitindo amor, paz,
saúde e prosperidade
a todos os que encontrar
pelo caminho.

Meditação
Seja simplesmente você.

Confirmação
"De fato, para isto fostes chamados.
Pois também Cristo sofreu por vós,
deixando-vos um exemplo, a fim de que
sigais os seus passos"
(1Pd 2,21).

Reflexão

O amor pode ser
interpretado de várias formas.
Em especial,
significa abrir o coração
para as maravilhas do mundo
e ter coragem de enfrentar
os desafios.
É também doar-se aos irmãos,
perdoar a quem o magoou
e esquecer as injustiças sofridas.
Que tal pensar nisso hoje?

Meditação

Amar é ter Deus na vida,
fonte de todo amor.

Confirmação

"Quem acolhe e observa
os meus mandamentos, esse me ama.
Ora, quem me ama será amado por meu Pai,
e eu o amarei e me manifestarei a ele"
(Jo 14,21).

5 de Dezembro

6 de Dezembro

Reflexão
O Senhor acolhe
todas as pessoas, sem distinção.
Mais uma vez, o salmista profere
estas palavras reconfortantes:
"Meu coração se lembra de ti:
'Buscai minha face'.
Tua face, Senhor, eu busco. [...]
És meu auxílio, meu salvador.
Ainda que pai e mãe me abandonem,
o Senhor me acolherá'" (cf. Sl 27[26],8.10).

Meditação
Diante das dificuldades,
é preciso pedir que Deus
lhe conceda humildade.

Confirmação
"Este é Deus, nosso Deus,
para todo sempre:
é ele que nos guia"
(Sl 48[47],15).

Reflexão

Cuide das amizades
como se aprecia um tesouro,
sem interferir na vida do outro.
No Evangelho, Jesus pedia, às vezes,
que os amigos o deixassem a sós.
Nesses momentos,
ele ficava em profunda união
com o Pai, em oração.
Assim, respeite a intimidade dos amigos,
para não ser inconveniente.

Meditação

Saiba respeitar a privacidade
dos amigos.

Confirmação

"Quem teme o Senhor orienta bem
sua amizade: como ele é,
tal será o seu amigo"
(Eclo 6,17).

8 de Dezembro

Reflexão

Pais, assumam com dedicação
a incumbência de amar e educar
os filhos desde a mais tenra idade.
Embora tenham a preocupação
de lhes deixar bens materiais,
o mais importante é educá-los
na fé e na vivência
dos valores humanos e cristãos.
Lembrem-se de que os filhos
são o fruto do amor do casal;
por isso, jamais se esqueçam
de demonstrar como eles são
importantes à sua vida.

Meditação

Para os filhos, é muito importante
sentir-se queridos e amados pelos pais!

Confirmação

"Não te alegres com filhos ímpios:
por numerosos que sejam,
não te comprazas neles,
se não tiverem o temor de Deus"
(Eclo 16,1).

Reflexão

A cada dia,
você pode se sentir feliz,
porque está sob a proteção de Deus,
que ama e acolhe a todos
como filhos queridos.
Quando reza,
o salmista expressa
esse sentimento
do seguinte modo:
"Tu que estás sob a proteção
do Altíssimo e moras à sombra
do Onipotente, dize ao Senhor:
'Meu refúgio, minha fortaleza,
meu Deus, em quem confio'" (Sl 91[90],1-2).
Ao meditar sobre essas palavras,
tenha a certeza de que o Senhor
o protegerá de todos os perigos.

Meditação

O Senhor é seu refúgio
e fortaleza.

Confirmação

"O Senhor dará ordem a seus anjos
para te guardarem em todos
os teus caminhos"
(Sl 91[90],11).

10 de Dezembro

Reflexão
A sabedoria e a cultura
são dois valores que enriquecem
o ser humano.
A diferença é que a primeira
é um dom concedido por Deus,
que se exterioriza nas atitudes
de equilíbrio e maturidade
diante dos acontecimentos da vida,
enquanto a segunda
é adquirida por meio de estudos
e empenho pessoal.
No Antigo Testamento, o rei Salomão pedia que Deus
lhe concedesse sabedoria para governar
seu povo do melhor modo.
No Evangelho, Jesus exultou e rezou ao Pai
por ter revelado sua sabedoria
aos pequenos e humildes.
Hoje, você também é convidado
a procurar a sabedoria.

Meditação
O verdadeiro sábio é aquele que se coloca
inteiramente nas mãos de Deus.

Confirmação
"Pois isso desejei, e foi-me dado
o bom senso; supliquei, e veio a mim
o espírito da Sabedoria"
(Sb 7,7).

Reflexão

Na parábola do semeador,
Jesus apresenta vários tipos de terrenos.
As pessoas que ouvem a Palavra de Deus
com indiferença são como as sementes lançadas
entre as pedras.
As que escutam a Palavra de Deus
de modo superficial
e logo a esquecem são semelhantes
às sementes atiradas nos espinhos.
No entanto, aquelas que refletem
sobre sua Palavra e se dispõem a mudar
são as que caíram em terra boa.
Essas pessoas são privilegiadas,
pois a Palavra transforma suas vidas.
Em qual tipo de terreno
você joga suas sementes?

Meditação

A Palavra é viva e eficaz,
desde que colocada em prática.

Confirmação

"O que foi semeado em terra boa
é quem ouve a palavra e a entende;
este produz fruto: um cem, outro sessenta
e outro trinta"
(Mt 13,23).

12 de Dezembro

Reflexão
Na vida, existem fases difíceis,
em que parece que nada dá certo.
Quando chegar a esse ponto,
existem duas alternativas:
a primeira opção
é entregar os pontos,
sem resistência;
a segunda é enfrentar
os problemas com fé,
esperança e coragem.
Qual das duas posturas
você vai assumir?

Meditação
Reconheça que necessita de Deus.
Ele é seu escudo e proteção.

Confirmação
"Sobe até Deus a minha voz,
e peço socorro; chega a Deus
a minha voz e ele me ouve"
(Sl 77[76],2).

Reflexão

Hoje, talvez você se pergunte
em que lugar está Deus.
Para auxiliá-lo na resposta,
reflita sobre estas palavras
de Tagore:
"Deus está lá onde o lavrador
está cavando a terra dura
e onde aquele que abre os caminhos
está quebrando as pedras.
Está com eles ao sol e à chuva,
com roupa coberta de pó. Despe teu manto ritual
e desce como ele ao chão poeirento.
Ele está ligado a todos nós para sempre.
Que importa se tuas roupas
se rasgam e se mancham?
Vai encontrá-lo e fica com ele
na fadiga e no suor da fronte".

Meditação

Envolva-se com as necessidades dos irmãos.

Confirmação

"Este é o meu mandamento:
amai-vos uns aos outros,
assim como eu vos amei"
(Jo 15,12).

13 de Dezembro

14 de Dezembro

Reflexão

Todos nasceram para amar
e respeitar os semelhantes.
Por isso, é importante que você
mantenha com todos
um relacionamento harmonioso e cordial.
Deus quer sua felicidade,
que consiste na dedicação
sem reservas aos irmãos,
em especial àqueles que
mais necessitam de carinho.

Meditação

A cada instante, todos são
desafiados a amar e servir.

Confirmação

"Agora, filhos, eu vos recomendo:
servi a Deus na verdade e fazei diante dele
o que lhe agrada. Ordene-se também
a vossos filhos que pratiquem boas obras,
especialmente a esmola, e se lembrem
sempre de Deus e bendigam o seu nome
em todo tempo na verdade
e com todas as forças"
(Tb 14,8).

Reflexão

O caminho para o crescimento e a realização
pessoal é eliminar o que é inútil em sua
vida, em seu coração, para que
ocorram coisas boas e novas.
Além disso, perdoe,
reconcilie-se, esqueça ressentimentos
e mágoas antigos.
Abra-se para o novo!

Meditação

Na vida,
todas as obras que realizar,
boas ou más, lhe deixam
um sinal que não se apaga.

Confirmação

"Sondavam sem parar os nossos passos,
nem íamos à praça. 'O nosso fim está perto,
a idade está completa, chegou o nosso fim'"
(Lm 4,18).

16 de Dezembro

Reflexão
Como vivem em
uma sociedade escrava do relógio,
as pessoas se desdobram
para cumprir as tarefas diárias
no tempo determinado.
Quando não conseguem cumprir
suas metas, sentem-se frustradas e perdidas.
Nessas horas, o socorro vem de Deus,
auxílio e proteção.
Nele, está a segurança;
basta confiar em seus propósitos
para os seres humanos.

Meditação
Em Deus, está o socorro
da humanidade.

Confirmação
"Levanto os olhos para os montes:
de onde me virá auxílio?
Meu auxílio vem do Senhor,
que fez o céu e a terra"
(Sl 121[120],1-2).

Reflexão

A humanidade
se prepara para a festa do Natal,
precedida pelo Advento.
Esse é um tempo
de reflexão, de feliz espera
e uma renovada busca de motivações.
Por isso, medite nas maravilhas operadas
por Deus na história de seu povo;
recorde a aliança selada
por Deus no Monte Sinai,
onde lhes ofereceu preceitos
para ajudá-los a viver no compromisso
da aliança, no respeito
à vida e no cultivo da fraternidade.

Meditação

Em sua oração, lembre-se das maravilhas
concedidas por Deus à humanidade.

Confirmação

"Bendito seja o Senhor, Deus de Israel,
porque visitou e libertou o seu povo.
Ele fez surgir para nós um poderoso salvador
na casa de David, seu servo,
assim como tinha prometido desde
os tempos antigos, pela boca dos seus
santos profetas [...]"
(Lc 1,68-70).

18 de Dezembro

Reflexão

Esqueça um pouco de si mesmo
e entre no clima de preparação para o Natal.
O Senhor concedeu aos seres humanos
a terra e suas riquezas,
para que fossem cultivadas
e partilhadas com os semelhantes.
O compromisso com o Deus
da vida deve ser vivido por todos.
Por isso, prepare-se para o Natal
com a prática da fraternidade,
o esquecimento das mágoas
e a doação aos irmãos mais carentes.

Meditação

Deus garante o sustento de seus filhos.

Confirmação

"Buscai em primeiro lugar
o Reino de Deus e a sua justiça,
e todas essas coisas vos serão dadas
por acréscimo"
(Mt 6,33).

Reflexão

O Reino dos Céus é o maior objetivo
almejado pelo ser humano,
que somente será atingido
com muita luta e coragem.
Por isso, abra as mãos e o coração
para acolher o autor da vida: Jesus.
Celebrar a vinda do Reino de Jesus
é renovar-se e acolher
o dom da salvação, oferecido por ele.
Jesus é o grande presente
enviado por Deus Pai para alegrar
o coração da humanidade.
Ele é o Salvador anunciado pelos profetas,
aguardado com amor de mãe
pela Virgem Maria.

Meditação

Agradeça a Deus o grande dom da salvação!

Confirmação

"Não ajunteis tesouros aqui na terra,
onde a traça e a ferrugem destroem
e os ladrões assaltam e roubam.
Ao contrário, ajuntai para vós tesouros
no céu, onde a traça e a ferrugem
não destroem, nem os ladrões
assaltam e roubam"
(Mt 6,19-20).

20 de Dezembro

Reflexão
Deus revela-se
de muitas maneiras:
pela palavra e por suas infinitas obras,
entre as quais estão o céu, o mar,
a terra, o sol, a fauna, a flora
e o ser humano.
Feito à imagem e semelhança de Deus
e moldado por suas mãos,
ele é a criatura mais perfeita da terra,
sendo um projeto único de Deus.
O salmo 92(91)
expressa a profunda alegria
de agradecer a Deus
pelas grandes maravilhas
feitas em favor de seus filhos.
Faça hoje a comovente experiência
de rezá-lo na paz de seu coração.

Meditação
Deus se revela ao ser humano
por meio de suas infinitas obras.

Confirmação
"Devolve-me a alegria de ser salvo,
que me sustente um ânimo generoso"
(Sl 51[50],14).

21 de Dezembro

Reflexão
Por supervalorizarem
os bens materiais
e ficarem presas à agitação diária,
as pessoas correm o risco
de não encontrar o amor
e o carinho de Deus.
Por isso, abra um espaço
em seu coração para que Deus
lhe mostre seu rosto.

Meditação
Ser santo é abrir o coração a Deus.

Confirmação
"O Senhor dos exércitos está conosco,
nosso refúgio é o Deus de Jacó"
(Sl 46[45],8).

22 de Dezembro

Reflexão
A cruz de Cristo faz que todos
se lembrem de seu sacrifício redentor.
Ao abraçá-la com amor,
ele converte-a em símbolo de vida,
salvação e vitória sobre a morte.
Ao olhar para a figura de
Jesus crucificado, todos são reportados
ao sofrimento de muitos irmãos
que a carregam,
entre os quais estão os indefesos,
os inocentes, os carentes e os sofredores
Por isso, inspirado nas palavras de Jesus,
tenha pena desse povo, pois andam
como ovelhas sem pastor.

Meditação
Diariamente, carregue sua cruz
com entusiasmo e coragem.

Confirmação
"Depois Jesus começou a dizer a todos:
'Se alguém quer vir após mim,
renuncie a si mesmo, tome sua cruz,
cada dia, e siga-me'" (Lc 9,23).

Reflexão

Em seu tempo,
Jesus realizou muitos milagres, dentre os quais
curou cegos, recuperando-lhes não só a visão,
mas também a vontade de viver.
No entanto, os seres humanos têm dificuldade
de enxergar as maravilhas criadas por Deus.
Por isso, jamais se esqueça
de agradecer pelas dádivas recebidas.
Nesse momento,
reze o salmo 139(138),13-14:
"Foste tu que criaste
minhas entranhas e me teceste
no seio de minha mãe.
Eu te louvo porque
me fizeste maravilhoso;
são admiráveis as tuas obras;
tu me conheces por inteiro".

Meditação

Abra os olhos para ver e proclamar
as maravilhas de Deus.

Confirmação

"Senhor, tua bondade dura para sempre:
não abandones a obra de tuas mãos"
(Sl 138[137],8b).

24 de Dezembro

Reflexão
À véspera do Natal do Senhor,
prepare seu coração para recebê-lo,
movido por sentimentos de misericórdia.
Encontre alguns momentos
para se dedicar a uma oração
profunda e sincera. Reze:
"Ó Deus, tem piedade de mim,
conforme a tua misericórdia;
no teu grande amor cancela o meu pecado.
Lava-me de toda a minha culpa,
e purifica-me do meu pecado.
Foi contra ti, somente contra ti
que eu pequei, eu fiz o que
é mal a teus olhos"
(cf. Sl 51[50],3-4.6).

Meditação
Compartilhe com a família
a alegria de sentir-se perdoado por Deus.

Confirmação
"Mas tu queres a sinceridade do coração
e no íntimo me ensinas a sabedoria"
(Sl 51[50],8).

Reflexão

Hoje é Natal!
Os olhos da humanidade
se voltam para o Menino de Belém,
que veio habitar entre a humanidade
assumindo sua condição de servo.
Na figura de seu Filho,
Deus, que é amor, paz,
alegria e fonte de misericórdia,
veio trazer a salvação a todos.
Que na festa do Natal todas as pessoas
tenham alegria e entusiasmo
para proclamar: "Não tenhais medo!
Eu vos anuncio uma grande alegria"
(Lc 2,10).

Meditação

O verdadeiro nascimento de Jesus
acontece no coração da humanidade.

Confirmação

"O anjo então lhes disse:
'Não tenhais medo! Eu vos anuncio
uma grande alegria, que será também
a de todo o povo; hoje, na cidade de Davi,
nasceu para vós o Salvador,
que é o Cristo Senhor!'"
(Lc 2,10-11).

26 de Dezembro

Reflexão
Ser fiel a Deus
é seguir seus ensinamentos,
buscando a cada dia
uma vida mais justa e fraterna.
Um grande exemplo
de fidelidade é Maria.
Assim como Jesus, ela cumpriu
a vontade do Pai em todos os momentos.
Sua fidelidade é a expressão
de sua fé inabalável no Senhor.

Meditação
A fidelidade só tem valor
se estiver alicerçada no amor.

Confirmação
"Sê fiel até à morte, e eu te darei
a coroa da vida"
(Ap 2,10d).

Reflexão

Crer na eucaristia
é abrir-se não só para a presença de Jesus,
mas também na vida dos nossos irmãos.
A eucaristia é dom e serviço.
Quando se entregou a cada criatura,
Jesus se fez dom.
Na véspera de sua Paixão,
ele deixou um legado à humanidade ao proferir esta
frase: "Quem come deste pão viverá eternamente"
(Jo 6,51b). Na ocasião, Jesus tomou o pão,
deu graças e o partiu dizendo: "Isto é o meu corpo,
que é dado por vós. Fazei isto em memória
de mim" (Lc 22,19b).
Tomou também o cálice dizendo:
"Este cálice é a nova aliança
no meu sangue, que é derramado
por vós" (Lc 22,20b).
A eucaristia é a grande ceia,
na qual todos podem se considerar irmãos.

Meditação

Sua presença é luz para os irmãos.

Confirmação

"Eu sou o pão vivo que desceu do céu.
Quem come deste pão viverá eternamente.
E o pão que eu darei é a minha carne,
entregue pela vida do mundo"
(Jo 6,51).

28 de Dezembro

Reflexão

A fé é um dom, uma graça
de Deus para cada um de nós.
É crer sem ver;
é confiar plenamente em Deus,
entregando sua vida a seus cuidados.
Fé não é crer em algo,
mas crer em uma pessoa: Jesus Cristo.
É entregar-se a Deus,
sem limites, sem fronteiras.
É agir de acordo com o Evangelho,
com o objetivo de mudar a própria vida.
Enfim, a verdadeira fé provoca conversão,
que gera mudança de vida.
Com isso, o "velho homem"
é deixado para trás,
para dar lugar ao "homem novo"
em Cristo Jesus.

Meditação

Fé gera mudança
de vida e conversão.

Confirmação

"É pela graça que fostes salvos,
mediante a fé. E isso não vem de vós:
é dom de Deus!"
(Ef 2,8).

Reflexão
Deus jamais se esquece de seus filhos.
A quem procura ouvi-lo, ele compartilha
sua presença, sua palavra.
Por isso, é preciso despertar
aos sinais dados por Deus
para manifestar-se neste mundo.

Meditação
Veja Deus com os olhos da fé.

Confirmação
"Isso que vimos e ouvimos,
nós vos anunciamos, para que estejais
em comunhão conosco.
E a nossa comunhão é com o Pai
e com seu Filho, Jesus Cristo"
(1Jo 1,3).

30 de Dezembro

Reflexão

Jesus compara-se ao bom pastor
que conhece suas ovelhas e
se preocupa com a alimentação,
a saúde, o bem-estar,
tanto material quanto espiritual, de seu redil.
Quando percebe a falta de uma delas,
deixa as demais, indo a lugares remotos,
até encontrar a ovelha desgarrada.
Jesus conhece cada um de nós;
por isso, deixou-nos bons pastores,
para que nos conduzam,
sãos e salvos, na trajetória
até o redil celeste.

Meditação

Fazemos parte do rebanho de Jesus,
que cuida de cada um de nós
como um bom pastor.

Confirmação

"Eu sou o bom pastor.
Conheço as minhas ovelhas
e elas me conhecem, assim como o Pai
me conhece e eu conheço o Pai.
Eu dou minha vida pelas ovelhas"
(Jo 10,14-15).

Reflexão

O final de mais um ano é oportunidade para agradecermos pelo extremo cuidado de Deus para com a humanidade. Apesar dos desafios e dificuldades surgidas, ele nos conduziu pela mão, oferecendo-nos diversas oportunidades de crescimento.
Vamos, pois, louvá-lo com estas palavras: "Louvai a Deus no seu santuário, louvai-o no firmamento do seu poder. Louvai-o por suas grandes obras. Louvai-o pela sua imensa grandeza.
Todo ser vivo louve o Senhor. Aleluia!" (cf. Sl 150[149]1,2.5).

Meditação

Quando mudam a maneira de pensar e agir, as pessoas podem modificar o mundo.

Confirmação

"Aquele que está sentado no trono disse: 'Eis que faço novas todas as coisas'. Depois, ele me disse: 'Escreve, pois estas palavras são dignas de fé e verdadeiras'. E disse-me ainda: 'Está feito! Eu sou o Alfa e o Ômega, o Princípio e o Fim. A quem tiver sede, eu darei, de graça, da fonte da água vivificante'" (Ap 21,5-6).

Rua Dona Inácia Uchoa, 62
04110-020 – São Paulo – SP (Brasil)
Tel.: (11) 2125-3500
http://www.paulinas.com.br – editora@paulinas.com.br
Telemarketing e SAC: 0800-7010081